# Meine Mönche von Vagabondia

Andress Floyd

**Writat**

Diese Ausgabe erschien im Jahr 2024

ISBN: 9789359942711

Herausgegeben von
Writat
E-Mail: info@writat.com

Nach unseren Informationen ist dieses Buch gemeinfrei.
Dieses Buch ist eine Reproduktion eines wichtigen historischen Werkes. Alpha Editions verwendet die beste Technologie, um historische Werke in der gleichen Weise zu reproduzieren, wie sie erstmals veröffentlicht wurden, um ihre ursprüngliche Natur zu bewahren. Alle sichtbaren Markierungen oder Zahlen wurden absichtlich belassen, um ihre wahre Form zu bewahren.

# Inhalt

# Einführung

MEINE MONKS OF VAGABONDIA sind ausgewählte Tatsachenberichte aus den alten Archiven des Self Master Magazine. Ich möchte den besiegten Mann so darstellen, wie er wirklich ist, und zwar dem Leser, der den Humor und die Tragik, die sein unstetes Leben ausmachen, zu schätzen weiß. Zwischen uns und dem sogenannten Verschwender sollte ein Band der Sympathie entstehen .

Die einzigartige, aber praktische Arbeit zur Förderung dieser schwächeren Brüder, die ich ins Leben gerufen habe und in den letzten fünf Jahren durchgeführt habe, sollte einer größeren Öffentlichkeit zugänglich gemacht werden.

Die Geschichten erklären teilweise die Methoden und Pläne der Familie der Self Masters.

Wir glauben, dass es sich hierbei um das einzige Buch handelt, bei dem ein Autor die Fakten für seine Geschichten direkt aus der Lebenserfahrung mit Außenseitern gewonnen hat.

Darüber hinaus wurde der Band von den unerwarteten Gästen gedruckt, gebunden und illustriert – den Wandermönchen, von denen die Geschichten erzählt werden und die in unserem sogenannten Kloster ihr Zuhause haben.

Der Tag naht, an dem gebrochene Menschen schöne, wenn auch einfache, selbstgebaute Heime haben werden, die der Gruppenidee der Self Master Colony nachempfunden sind. Sie werden außerhalb der verschiedenen Städte der Welt errichtet und gastfreundlich allen Menschen geöffnet, die in ihrer Stunde der Not oder Schwäche kommen und Selbstbeherrschung und den damit verbundenen Frieden suchen .

Der Erlös aus dem Verkauf dieser Geschichten fließt in den Kauf und die Installation dringend benötigter Geräte für die Druckerei und Buchbinderei. Mit diesen Geräten können die Männer ihre eigene Unabhängigkeit in industrieller und sozialer Hinsicht verwirklichen.

Wenn ein Mensch monate- oder jahrelang als Sklave einer schlechten Gewohnheit gelebt hat – selbstzerstörerisch und ohne Rücksicht auf die Folgen – ist sein Unterbewusstsein eine sensible Matrix, in die die schmutzige Vergangenheit tief eingraviert ist . Die endgültige Veränderung kann nur eintreten, wenn der Mensch Werte lernt und sie durch ein rechtschaffenes Leben respektiert.

Das unterbewusste Selbst erfährt langsam eine vollständige Umgestaltung. Eine schlechte Angewohnheit gewinnt nicht sofort die Macht über den

Menschen, und wenn sie erst einmal unter Kontrolle ist, kann ihr Griff auch nicht durch eine schwache Bestätigung oder ein wundersames Phänomen gebrochen werden.

Die Hoffnung kommt, wenn man seine Gedanken vom Destruktiven auf das Konstruktive lenkt und im Angesicht des neugeborenen Glaubens lebt, bis die Weisheit den dunklen Schleier lüftet und die Freiheit als ihr rechtmäßiges Erbe folgt.

Die Self Master Colony bietet dem entmutigten Menschen in der Zeit des Erwachens zu seiner wahren Stärke eine offene Tür und hilft ihm mit ihrer ständigen Fürsorge und Anteilnahme, zu seinem wahren Selbst zurückzufinden.

ANDRESS FLOYD.

# Eine Reise zu unserem Kloster

Gebräuchen zufrieden ist und das Kloster durch seine Verschwendungssucht nicht etwa stört, wird er aufgenommen.

*— Heiliger Benedikt.*

---

## Eine Reise zu unserem Kloster

DER Mann war die gesamte Strecke von New York zur Self Master Family zu Fuß gegangen. Tatsächlich war er sogar noch weiter gegangen, denn einmal oder zweimal hatte er sich verirrt – wie es vielen Männern in anderen Lebensbereichen passiert ist. Mühsam hatte er seine Schritte wieder auf den richtigen Weg zurückverfolgt. Die Fehler hatten seine schwindenden Kräfte stark beeinträchtigt. Sie hatten ihn nur noch mehr ermüdet . Zweifellos sind Fehler wunderbar lehrreich; sie machen die Menschen weiser und damit besser, denn letzten Endes sind Weisheit und Güte gleichbedeutend.

Er beklagte sich bitterlich über sein hartes Schicksal und fand wenig Trost in dem Gedanken, dass er die Kolonie möglicherweise zu spät zum Abendessen erreichen würde.

Sein Freund, der ihn beim ziellosen Spaziergang auf und ab des Broadways getroffen hatte, versicherte ihm, dass auf dem altmodischen Herd in der Jungenküche immer eine Kanne kochender Kaffee stünde – dass das Colony House seine Türen nie abschloss.

Für einen Mann, der das Gefühl hat, dass ihm jede Tür der Welt verschlossen bleibt, ist der Gedanke tröstlich, dass es tatsächlich einen Ort gibt, an dem er willkommen sein kann. Sein Freund hatte gesagt, dass ihm bei seiner Ankunft keine Fragen gestellt würden – keine Ermittlungen.

„Keine Untersuchung", murmelte er laut, „Gott sei Dank! Es ist leichter für ein Kamel, durch ein Nadelöhr zu gehen, als für einen ‚abgebrannten' Mann, die Berufswohltätigkeitsorganisation davon zu überzeugen, dass er wirklich hungrig ist . Ich glaube, sie hätten mir bei der letzten Untersuchung ein ‚Almosen' gegeben, wenn ich ihnen hätte sagen können, in welcher Stadt meine Mutter geboren wurde."

Er lächelte mit schwachem Zynismus über die Torheit seiner Gedanken und wurde dann plötzlich ernst, denn auf dem Hügel vor einem großen Kolonialhaus standen in weißem Stein die Worte „The Self Masters". Er blieb stehen und betrachtete die ruhige, heimelige Szenerie von der Straße aus. All diese mühsamen Meilen war er gekommen, um Nahrung und Obdach zu erbitten, und nun schien ihn sein Mut zu verlassen. Er setzte sich an den Straßenrand und nahm gemächlich seine Pfeife aus der Tasche. Dann

bereitete er mit größter Sorgfalt Tabak vor, stopfte die Pfeife und zündete
sie an.

„DIE SELBSTMEISTER"

Er buchstabierte die Buchstaben auf dem Schild: „Was zum Teufel ist das?
– Selbstbeherrschung – Selbstbeherrschung – Selbstkontrolle. Alter Mann,
wenn Sie jemals diese Selbstkontrolle in Ihrem Wesen gehabt hätten, wären
Sie kein Ritter der staubigen Straße ! ... Sie sollten lieber zur East Side
zurückkehren, wo Sie das Land kennen; wo es niemanden interessiert, ob Sie
anständig leben oder nicht – wenn Sie kaufen können."

Dann drang der Klang eines Klaviers und männlicher Stimmen zu ihm und
weckte ihn zu einem neuen Gedankengang. „Es ist ein Kloster – ein
Vagabundenkloster " , sagte er, „und warum nicht? Warum sollte ein Mann,
selbst ein Obdachloser, nicht sein Kloster haben, wo er seine Vergangenheit
vergessen und ein anständiges Leben führen kann? Wenn er nur einen Tag
anständig lebt und fällt ... Das ist etwas, an das man sich erinnert – ein Tag,
für den er sich nicht schämen muss. Wer weiß, ob ein Mann an einem Tag
selbstlosen Lebens mehr er selbst ist als an all den anderen Tagen seiner
lasterhaften Jahre.


„Während seines langen Lebens war Moses der Führer seines Volkes, aber
an jenem Tag, als er mit Gott sprach – von Angesicht zu Angesicht – strahlte
sein Antlitz wie die Sonne. Nicht als er den Ägypter erschlug und ihn
erschrocken im Sand begrub, sondern als er in der Gegenwart der Gottheit
stand – da war Moses Moses. Wenn der Trunkenbold bei klarem Verstand
ist, wenn der Lügner die Wahrheit spricht, wenn der Dieb ehrlich abzählt,
wenn der Mörder freundlich zu seinem Mitmenschen ist, dann und nur dann
kommt das wahre Selbst zum Ausdruck."

Er zog schwer an seiner Pfeife und sagte dann lächelnd: „Meine Pfeife ist
ausgegangen!" Er klopfte die Asche in seine Hand und streute sie in den
Wind, ernst, als wäre es eine religiöse Zeremonie. Dann klopfte er sich den
Staub von Schuhen und Kleidung, richtete sich zu seiner vollen Größe auf
und marschierte tapfer zur Haustür ...

... Eine schwarze Krähe, die zu spät nach Hause kam , gab ihre
Korndiebstahlaktion auf, erhob sich und flog über den Himmel zu ihrem
Horst in den Kiefern.

# MARIA UND DAS BABY

„Und ein kleines Kind wird sie führen.“

*—Jesaja.*

## Maria und das Baby

ENTSCHLOSSEN , dass herkömmliche Kuhmilch für unser Baby besser ist als jede Fertignahrung.“

Die Debatte zu diesem Thema beginnt nächsten Donnerstagabend um sieben Uhr. Die Konservativen unserer Kolonie werden sich für Kuhmilch als Babynahrung aussprechen. Die Progressiven werden sich für Fertignahrung aussprechen.

Für die Debatte gelten die gleichen parlamentarischen Regeln wie für einen Catch-as-Catch-Can-Ringkampf.

Schläge werden erst dann zugelassen, wenn sich die forensischen Bemühungen als wirkungslos erwiesen haben. Wenn weitere Argumente nutzlos geworden sind, können die 85 Gramm schweren Boxhandschuhe, die uns kürzlich gespendet wurden, verwendet werden, um eine Entscheidung zu erzwingen. Tatsächlich üben einige der Jungen, die kaum reden , mit den Handschuhen, damit sie bei der endgültigen Lösung des Problems eine Rolle spielen können.

Auf der anderen Seite ist der literarische Zirkel in tiefgründige Studien vertieft. Ein Junge liest Fachbücher zu diesem Thema, wann immer er Zeit findet. Ein anderer wiederum verbindet sich die Augen und schlägt die Bibel aufs Geratewohl auf, um nach spiritueller Führung zum Thema Säuglingsernährung zu suchen. Natürlich wird die letzte Instanz Ihre Ladyschaft sein – das Baby selbst.

Sie weiß bereits eine Menge über Cracker und Frühstücksnahrung und sie ist viel zu schlau, um keine eigene Meinung zu den ernährungsphysiologischen Eigenschaften von Milch und Milchersatzprodukten zu haben.

Und jetzt ist es vielleicht angebracht zu erzählen, wie es dazu kam, dass wir in unserer Kolonie ein zehn Monate altes Baby bekamen.

Wir sind angeblich eine Kolonie junger Männer – Männer und Jungen, die versuchen, auf die Beine zu kommen und unabhängig und selbständig zu werden. Aber wenn jemand hungrig zu uns kommt, geben wir ihm gerne etwas Essbareres als eine Karte für eine professionelle Wohltätigkeitsorganisation.

Hätte der Hunger ihre Ankunft um eine weitere Woche verzögert, wären unser Baby und seine Mutter vielleicht gezwungen gewesen, am Weihnachtsabend um Essen und Obdach zu bitten. Tatsächlich kamen sie am 19. Dezember um zehn Uhr abends zu uns. Sie hatten keinen Platz zum Schlafen außer der örtlichen Polizeistation, und das ist nicht der richtige Ort für ein kleines Baby – selbst starke Männer werden in der Kälte dieser Gastfreundschaft schwach.

Also hielten die Jungen, die sich für die Nacht zurückzogen, bei ihrer Ankunft eine Besprechung ab. Unser Angebot an Betten und Bettzeug reichte nicht einmal für die Nachfrage der Jungen selbst. Aber das ließ sie nicht zögern, und alle waren sich einig, dass sie die Neuankömmlinge nicht abweisen durften. Ein Junge gab sofort seine Decke her, der zweite seine Bettdecke, der dritte sein Bett. Auf diese Weise wurde es der Mutter und dem Baby für die Nacht bequem gemacht, ohne zu merken, dass sie denen etwas wegnahmen, die nichts übrig hatten. Aber Obdachlose sind schnell mitfühlend, denn was sie über Hunger und Kälte wissen, ist nicht nur Hörensagen.

Am nächsten Tag nahmen wir uns vor, dauerhaftere Vorkehrungen für das Baby und seine Mutter Mary zu treffen. Wir begannen, uns nach Betten umzusehen. Wir fragten zwei der gutherzigen Geistlichen, ob sie ein Bett für unsere Neuankömmlinge besorgen könnten. Einer von ihnen rief mich später am Tag an, um mich zu fragen, aus welcher Stadt die armen Leute kämen, und als ich ihm das mitteilte, sagte er : „Die Frau hätte sich an den Wohltätigkeitsverband der Stadt wenden sollen, aus der sie kamen. Wenn der Fall würdig wäre, würde Hilfe gewährt."

Ob es nun würdig war oder nicht, wir wollten das Baby nicht wegschicken. Sie bekam Zähne und war quengelig, und ein zahnendes, quengeliges Baby ist vielleicht nicht so würdig wie eines, das es mit offenen Armen erträgt.

Der andere Pfarrer sagte: „Die wunderbare Arbeit der Kirche hatte nicht so sehr mit den Armen in diesem Leben zu tun, sondern eher mit denen im Jenseits." Die Wahrheit ist, dass die Mutter zwar entmutigt war und sich, soweit es sie selbst betraf, nicht um das Leben kümmerte, aber sie hatte Ambitionen für ihr Kind und konnte daher unter diesen Umständen nicht um Unterstützung bitten.

Die Jungen bauten selbst zwei Holzbetten und richteten ein Zimmer für das Baby ein, während die Mutter wiederum den jungen Männern in der Küche half.

Das Baby ist kräftig und gesund herangewachsen. Es mag seine großen Brüder mit all ihrem Lärm und ihren wilden Spielen, und sie mögen ihr Baby. Zu sehen, wie raue Obdachlose einem Säugling Schlaflieder singen und sich selbst gratulieren, wenn er beruhigt durch das monotone Summen eines Wiegenliedes einschläft, das sie selbst längst vergessen zu haben glaubten, könnte den Glauben an die freundliche Menschlichkeit erneuern, die in jedem Herzen lebt.

Hat Christus nicht gesagt: „Und wer ein solches kleines Kind in meinem Namen aufnimmt, der nimmt mich auf."

## DER VATER DES BABYS

Dieses Baby hat nun einen Vater. Er hat in Russland gelebt und ist nach Amerika gekommen, um Geld zu verdienen. Einer seiner älteren Brüder lebte bereits im Staat New York, und aus seinen Briefen über das Meer ging klar hervor, dass die Möglichkeiten, in den Staaten reich zu werden, äußerst vielversprechend waren.

Der ältere Bruder war durch seine Arbeit bei der Eisenbahn reich geworden – sehr reich. Er verdiente nie weniger als neun Dollar pro Woche, und jetzt, da er Englisch sprach, verdiente er zwölf.

Solche Geschichten über leicht erworbenen Reichtum verleiteten John, wie wir ihn nennen, dazu, sein Vaterland mit seiner Frau und seinem Kind zu verlassen. Doch unglücklicherweise erreichten John und seine Familie Amerika während der jüngsten Panik. Tausende von Arbeitern waren arbeitslos. In New York konnte John keine Arbeit finden. Sogar der reiche Bruder arbeitete nur zeitweise, und da er selbst Frau und Kinder hatte, hatte er nichts, was er mit John und seiner Familie teilen konnte. Also zog John fort, um Arbeit zu suchen.

Die paar Dollar, die er mitgebracht hatte, waren aufgebraucht, und obwohl er abends Englisch lernte, sprach er es nur gebrochen. Einer der Jungen in der Kolonie sagte, er spreche in „ Kindlewood ".

Während er nach Arbeit suchte, erreichten Frau und Kind keine Nachricht. Manche sagten, John würde nie wiederkommen. Aber Mary glaubte an ihn. Sie sagte, er habe das Baby immer geliebt und wisse, dass sie selbst arbeiten könne. Aber manchmal zweifelte sogar sie, wenn Wochen vergingen und keine Nachricht kam.

Als einer der Jungen einmal nach New York fuhr, nahm sie ihn leise beiseite und sagte: „Ich glaube, du wirst John in New York sehen ... Großer Mann, helles Haar ... sag ihm, komm nach Hause und sieh Baby ... ich will ihn."

Aber John wurde in New York nicht gesehen.

Erst vor ein paar Tagen kam er zurück. Er war durch den Staat New York und weiter nach Massachusetts gereist. Keine Arbeit – überall keine Arbeit! Manchmal war er zu Fuß gegangen. Manchmal war er auf einen Güterzug aufgesprungen. Alles ohne Zweck. Er hatte Mary gute Nachrichten schreiben wollen, aber er hatte keine guten Nachrichten zu schreiben. Immer schlechte Nachrichten. Er war ein Versager. Er hatte sich gewünscht, alles zu beenden, aber der Gedanke an das Baby hatte ihn dazu gebracht, weiter nach Arbeit zu suchen.

Schließlich brauchte eines Tages ein reicher Mann in Montclair einen Gärtner. Dieser Mann war reich – nicht so reich wie sein Bruder –, besaß aber Häuser und einen herrlichen Bauernhof. Er würde einem Mann, der bereit war zu arbeiten, zwei Dollar Tageslohn zahlen. Es schien zu schön, um es zu glauben. Er würde zu seinem Baby und Mary zurückkehren. Sie mussten die gute Nachricht kennen.

Also kam er und sagte Mary, er hätte einen Job und ein kleines Heim für sie und das Baby. Sie würden reich sein wie sein Bruder.

Also ging Maria mit Johannes und sie nahmen ihr Baby mit, ganz in Schals eingewickelt.

Das war gestern – Montag –, daher wird es am Donnerstag keine Diskussion darüber geben, „ob herkömmliche Kuhmilch für Babys besser ist als Fertignahrung."

Weil wir Obdachlosen unser Baby verloren haben.

Einer der Jungen fragte den Vorsitzenden – einen anderen Jungen –, ob sie die Debatte jetzt, da das Baby weg sei, fortsetzen wollten.

„Zur Hölle damit", antwortete der Vorsitzende.

---

Die oben genannte Geschichte ist wahr und für die Self Master Colony Teil der täglichen Arbeit.

---

# MEIN PROBLEM MIT SLIPPERY JIM

„Wenn ein Junge ins Gefängnis kommt, stirbt ein Bürger."

*—Jacob Riis*

---

### Mein Problem mit Slippery Jim.

„MEIN Rasierer ist gestern für einen Rindereintopf draufgegangen", erzählte mir der junge Draufgänger . „Nicht dass ich einer dieser Typen mit Kragen und Krawatte wäre " , fuhr er fort, „die den Eindruck erwecken wollen, sie seien Gentlemen in Not, und einem von ihrer Südstaatenfamilie und einem vergeudeten Vermögen erzählen, obwohl sie in Wirklichkeit nie weiter südlich als bis Coney Island waren... Aber wenn ein Kerl beschließt, seinen Rasierer zu verkaufen, steht er kurz davor, eine Tat zu begehen, die seiner Ehrbarkeit den Garaus macht.

„Er hat sich vielleicht gerade erst mit größter Sorgfalt rasiert und gepflegt, aber er ist schon fast bereit, sich den Reihen der Obdachlosen anzuschließen. Ein Mann kann seine anderen Besitztümer verkaufen – seine Kleidung eingeschlossen – und sich dennoch zumindest einen Anflug von Kaltblütigkeit bewahren . Aber wenn das Rasiermesser ausgeht –"

„Dann kann er sich in der Friseurschule kostenlos rasieren lassen", schlug ich vor.

„Das hilft nur für ein oder zwei Tage", fuhr er fort. „Sie sollten lieber sofort die Hände heben und die Sache hinter sich bringen. Welcher Mann, der halb krank vor Sorge ist, hört sich schon gern an, wie ein ehrgeiziger Schüler sagt: ‚Lehrer, soll ich die rechte Seite seines Gesichts nach oben oder unten rasieren?' – und ‚Lehrer, wie rasieren Sie die Oberlippe, ohne sie zu schneiden?' und ‚Lehrer, wenn ich sie schneide, soll ich sie dann mit Karbol oder Peroxid desinfizieren, bevor ich die neue Haut auftrage?' – Keine Friseurschule für mich. Es ist besser, sofort Philosoph zu werden – die alten Philosophen und Propheten hatten lange Bärte … Wenn man davon spricht, der Natur in etwa drei Tagen, nachdem ein Mann sein Rasiermesser verkauft hat, am nächsten zu kommen, wird die Natur ihm am nächsten kommen, und wenn er nicht so bartlos ist wie ein Indianer, wird er, wenn er sich im Spiegel sieht, von der Wahrheit der Darwinschen Theorie überzeugt sein ."

„In Russland", sagte ich, „ist der Bart das Zeichen der Heiligkeit des Patriarchen."

„Das ist auch in Jersey und mehreren anderen Staaten der Fall", antwortete er. „Mancher sogenannte Hobo mit einem zwei Wochen langen Bart im Gesicht ist im Grunde nur ein gewissenhafter Gesetzeshüter – denn in New Jersey ist es ein Vergehen, ein Rasiermesser bei sich zu tragen. Es wird gesetzlich als versteckte Waffe erklärt. So mancher arme Schlingel, gegen den eine Anklage wegen Landstreicherei nicht aufrechterhalten werden konnte, hat es umso schlimmer gefunden und musste ins Gefängnis, weil er eine versteckte Waffe in Form eines Rasiermessers bei sich trug. Sie sehen also, in Jersey wie auch in Russland kann ein Bart nur ein Beweis der Ehre sein … Der glattrasierte Mann, der an Ihre Tür klopft und das Vertrauen der ahnungslosen Frau mit der altbekannten Vagabunden -Platte „Lady, ich will nur Arbeit" gewinnt, trägt vielleicht eine Waffe versteckt bei sich, während der unrasierte Wanderer, dessen Anblick die Frauen dazu bringt, die Türen zu verriegeln, vielleicht ein Obdachloser ist, der wirklich Arbeit will und lieber ungepflegt aussehen würde, als eine Gefängnisstrafe für das Tragen einer Waffe zu riskieren. Rasierer."

„Sie haben also Ihren Rasierer verkauft?", fragte ich.

„Nicht, weil ich versuche, mit Ihrem russischen Patriarchen in Sachen Heiligkeit zu konkurrieren. Ich habe es verkauft, weil ich verzweifelt bin."


„Dann hatten Sie keine Angst vor der Anklage wegen eines Vergehens?"

Er antwortete mit einem Lachen, das mir nicht gefiel, und ich tastete schnell nach, ob ich meine Uhr noch besaß.

„Ich will Ihre Uhr nicht", sagte er, „aber es ist nicht die Angst, im Gefängnis zu sitzen, die mich zurückhält. Ich weiß, was mein Freund über mich geschrieben hat. Ich habe mich entschlossen, ehrlich zu sein. Sie werden es vielleicht nicht glauben. Sie haben zu viele Missionszeugnisse gehört, um viel daran zu glauben. Aber wenn ich richtig lebe, dann liegt das nicht daran, dass mein Herz weich geworden ist, sondern daran, dass mein Herz kalt und hart ist wie ein Pflasterstein."

„Dein Freund hat geschrieben, dass du kein so schlechter Kerl bist."

„Glauben Sie ihm nicht. In Elmira gibt es ein Prozentsystem, und wenn ein Mann über einen bestimmten Prozentsatz hinauskommt, kann er seine Freiheit gewinnen. In den vier Jahren, die ich dort war , lag ich sicher innerhalb des erforderlichen Prozentsatzes – ich musste mich nur weiterhin gut benehmen. Ich war nur noch wenige Tage von der Freiheit entfernt. Haben Sie jemals Hass gespürt – reinen Hass? Shylock fühlte ihn, als er sich weigerte, Geld anzunehmen, um Antonios Kaution zu streichen; als er nicht auf Drohungen oder Bitten hörte, sondern nur murmelte: ,Ich will mein

Pfund Aasfleisch.' Ich weiß, was er fühlte. In der Nacht, nach wochenlanger geduldiger Arbeit und Arbeit – nach Monaten guter Führung, als ich ihr Spiel mitspielte und die Chance auf Freiheit gewann. In der Nacht sprang ich grundlos aus meinem Bett und schlug gegen die Gitterstäbe und schrie und beschimpfte sie alle, bis sie mich in den Kerker warfen und mir meinen hohen Prozentsatz abnahmen. Damals verlor ich ein Jahr."

„Halten die Gefängnisgitter Sie noch fest?", fragte ich ihn.

"Wie meinst du das?"

„Sie benehmen sich wie ein Verrückter, wenn Sie über die Vergangenheit sprechen. Manche Menschen können den Gedanken an ihre Gefangenschaft nie loswerden. Er bestimmt ihr Leben. Sie denken nur an das Gefängnis und die Verbrechen, die solche Gedanken nach sich ziehen. Für sie gibt es keine Hoffnung. Sehen Sie nicht, dass es Ihre Ideale sind, die Sie versklaven oder frei machen? Sehen Sie nicht, dass Sie frei sind?"

„Es ist mächtig hart", sagte er, „aber ich möchte es vergessen. Mein Freund hat mich zu Ihnen geschickt. Er sagte, Sie kennen den Weg zur Freiheit und würden mir helfen. Tagelang habe ich darauf gewartet, dass Sie zu mir kommen. Mein Vater wollte mich nicht zu Hause haben, meine Freunde verließen mich, mein Geld wurde immer knapper – meine Kleider gingen, mein Rasiermesser – alles. Und trotzdem sind Sie nicht gekommen. Manchmal traf ich einen Jungen, der mir von Ihrer Arbeit erzählte. Manchmal bezweifelte ich alles, was ich gehört hatte, und dann wurde ich gleichgültig – murmelte ein Gebet oder plante ein Verbrechen. Endlich kam der Brief. Ich wusste, dass ich auf die Probe gestellt wurde , und ich versuchte, standhaft zu bleiben. Oh, Gott, was für eine Prüfung! Was hält einen Mann davon ab? Ich war hungrig, aber ich wusste, wie man stiehlt; ich brauchte Geld und wusste, wo ich einigermaßen sicher rauben konnte. Was hält einen Mann wie mich davon ab? Manchmal dachte ich, es sei mein Glaube an Sie."

„Sie meinen, unsere Kolonie hat Ihnen Hoffnung gemacht."

„Ja", sagte er.

„Ich habe Angst, Sie in meine Familie aufzunehmen", sagte ich ihm.

„Aus Angst, dass ich Sie bestehle?", sagte er kalt.

„Nein, das nicht. Ich fürchte, Sie können Ihre Gefängnisgedanken nicht hinter sich lassen, wenn Sie die Kolonie betreten."

„Wenn Sie mir helfen", sagte er nachdenklich, „glaube ich, dass ich neu anfangen kann."

„Versprechen Sie mir, nie wieder mit mir oder anderen über Ihr früheres Leben zu sprechen?"

„Ich werde nicht mehr darüber sprechen."

„Dann kannst du mit mir zum Eingangstor gehen und dort werde ich entscheiden, ob ich dich aufnehmen kann."

Auf dem Weg zur Farm unterhielten wir uns über viele Dinge – er hatte viel gelesen und war viel gereist. Wir erwähnten die Familie oder ihre Arbeit nicht, aber als wir uns dem Colony House näherten , blieb ich stehen.

„Sag mir", sagte ich, „hat man dir in Elmira ein Handwerk beigebracht?"

„Von Beruf bin ich Metalldachdecker", sagte er.

„Haben Sie das Handwerk im Gefängnis gelernt?", fragte ich ihn.

„Ich glaube, Sie verwechseln mich mit einem anderen Mann", antwortete er ruhig. „Ich weiß nichts über das Leben im Gefängnis."

„Wieso , nicht nur Ihr Freund hat mir erzählt, dass Sie eine Haftstrafe verbüßt haben, sondern Sie haben es mir selbst erzählt?", sagte ich streng.

Er sah mir ruhig ins Gesicht, aber er hatte Tränen in den Augen.

„Ich hätte es dir nicht sagen können, denn hätte ich dir eine so dumme Lüge erzählt, hätte ich mich daran erinnert. Lass uns über etwas anderes reden."

„Sehr gut", sagte ich freundlich. Er versuchte, die Vergangenheit zu vergessen.

In diesem Moment drang das laute Läuten einer alten Kuhglocke zu uns.

„Es ist die Glocke, die die Jungen zum Abendessen ruft."

"Ja?"

„ Komm, wir wollen uns beeilen, damit wir am ersten Tisch bedient werden, denn du hast Hunger."

II

Die heiligen Veden lehren uns, dass die Zeit, wenn wir von Leben zu Leben gehen, sanfte Finger auf die Augen der Erinnerung legt, damit wir nicht durch vergangene Fehler entmutigt werden und in der Angst vor dem, was wir waren, ins Wanken geraten. Wie das Kind, das ein Problem auf seiner Tafel gelöst hat , alles ausradiert und nur die Antwort behält, so haben wir in unserem Seelenleben das Ergebnis unserer vergangenen Erfahrungen; alles andere wird ausgelöscht.

Wen interessiert schon der detaillierte Bericht über alle Geschehnisse auf unserem Weg? Wir wissen instinktiv, dass vieles aus der Vergangenheit verurteilt werden muss, aber was uns wirklich beschäftigt, ist das Leben, das wir heute führen wollen.

Die Nacht schließt die Sorgen von gestern. Die Morgendämmerung strahlt und verspricht einen besseren Tag.

Unser Freund, „Slippery Jim", versuchte, das alles zu glauben und voller Hoffnung in die Zukunft zu blicken, aber er behielt vieles für sich. Er machte lange Spaziergänge im Wald.

Es beunruhigte mich, dass er so langsam versuchte, die Jungen ins Vertrauen zu ziehen.

„Ich sehe Sie nie abends mit den anderen Männern lesen", sagte ich ihm. „Männer, die die Einsamkeit lieben, sind entweder sehr gut oder sehr schlecht."

„Ich werde versuchen, es besser zu machen", antwortete er, „aber ich bin es seit so vielen Jahren gewohnt, allein zu sein."

„Trotzdem muss man in der Welt leben – und unsere Welt hier ist ziemlich klein", sagte ich. „Fröhlichkeit ist eine Pflicht, die man seiner eigenen Seele schuldet."

„Und anderen", fügte er hinzu.

„Ja, und anderen", antwortete ich.

"Ich neige dazu, meine Pflicht gegenüber anderen gering zu schätzen. Ich hatte eine Schuld – einst eine große Schuld – gegenüber anderen, und ich habe sie bezahlt. Sie haben sie aus meinem Leben berechnet, die Bezahlung, die sie verlangten. Ich habe sie bezahlt – bezahlt in Tränen und Elend – bezahlt aus meinem Herzen und meiner Seele. Jetzt ziehe ich es vor, abseits zu leben... Die Indianer, so sagt der Dichter, lassen ihre Alten und Kranken auf dem Marsch allein, damit sie sterben können. Ich bin ein kranker Wilder, und als solcher verlange ich mein Recht."

„Glauben Sie an den Großen Geist und die ewigen Jagdgründe?", fragte ich sanft, denn ich wusste, dass in seinen Adern kein indianisches Blut floss.

„Ihre Religion ist so gut wie viele andere und genauso poetisch."

„Dann geh in den Wald und bete zu deinem Großen Geist", sagte ich. „Aber bring ihn nicht in Verruf, indem du rücksichtslos gegenüber anderen bist, die nett zu dir wären."

„Mache ich meine Arbeit nicht?", fragte er mit wachsender Wut.

„Von Ihnen wird erwartet, dass Sie Ihre Arbeit erledigen, aber ich spreche nicht mit Ihnen über dieses Thema. Ich möchte wissen, woran Sie denken, während Sie arbeiten."

„Wenn es Ihnen recht ist, das ist meine Sache."

„Wenn es Ihnen recht ist, es ist auch meine Angelegenheit. Sie sind hierhergekommen, damit ich Ihnen helfe. Ich möchte Ihnen helfen."

„Sie haben mir geholfen. Sie haben mich in diese Kolonie aufgenommen, als mein Vater mir die Tür vor der Nase zugeschlagen hatte. Sie haben mir Essen gegeben – so viel wie es gibt – und von den Kleidern, die mir geschickt wurden, haben Sie mir diesen gebrauchten Anzug gegeben."

„Und Sie haben wie die anderen Männer gearbeitet und durch Ihre Arbeit das bezahlt, was Sie bekommen haben?"

"Ja."

„Und das ist alles?"

"Ja."

„Ich habe sehr, sehr wenig für Sie getan", und ich wollte ihn verlassen.

„Warten Sie einen Moment", unterbrach er mich. „Ich wollte nicht unfreundlich zu Ihnen sein. Sie haben mich viel besser behandelt, als ich es verdient habe."

„Es ist schon etwas Besonderes, wenn man hungrig ist, auch nur einfaches Essen zu sich zu nehmen", sagte ich streng. „Sie haben auch mehr Mut als damals, als Sie herkamen. Sie wissen, dass Mut bei Ihrer Arbeit sehr wichtig ist. Sie werden bald in der Lage sein, zu Ihrem alten Leben zurückzukehren."

„Nein, das nicht", sagte er und seine Stimme wurde weniger hart. „In diesen Tagen habe ich mit Ihnen gelebt und beobachtet, wie glücklich Sie aus Ihrer Arbeit ziehen – trotz der damit verbundenen Opfer – und habe es mit meiner eigenen Lebensweise verglichen. Ich kann nicht verstehen, wie ich das Gute in mir ignorieren konnte. Aber Sie sollten wirklich nicht erwarten, dass wir alle so fröhlich sind wie Sie. Sie können die Wahrheit klar erkennen, die wir nur durch ein dunkles Glas sehen."

„Sie haben also vor, wie ein ehrlicher Mann zu leben?"

"Absolut."

„Dann habe ich doch nicht wirklich verloren", sagte ich nachdenklich.

„Was hast du gesagt?", fragte er, da er meine Bemerkung nicht deutlich gehört hatte.

„Ich sagte, wenn man sich entschlossen hat, ehrlich zu leben, ist das schon etwas."

An diesem Abend sah ich ihn mit unserem Baby in den Armen in der Küche auf und ab gehen – in diesem Winter hatten wir eine obdachlose Mutter mit ihrem Baby in der Kolonie. Das Baby strampelte und lachte, als er es mit gemessenen Schritten durch das Zimmer trug.

„Ich muss sie einfach einschläfern lassen", sagte er vertrauensvoll.

„Warum singst du ihr nicht etwas vor?", schlug ich vor.

„Ich bin mir bei meinen Schlafliedern nicht sicher", sagte er.

Wenig später nickte das Baby mit halb geschlossenen Augen.

„Sieht sie nicht hübsch aus", sagte die bewundernde Mutter.

„Sie sieht aus wie Jeffries am Ende des fünften", war Jims Antwort.

Ein paar Augenblicke später hörte ich ihn beim Gehen seine eigene Musik singen, improvisierend zu den Worten von Wildes Gefängnisgedicht:

„Mit lässigem Schwung um den Ring,

Wir sind bei der Narrenparade mitgelaufen!

Es war uns egal. Wir wussten, dass wir

Die Brigade des Teufels selbst;

Und rasierter Kopf und Füße aus Blei

Machen Sie einen lustigen Maskenball."

Drittes Kapitel

Der Winter war fast vorbei, als „Slippery Jim" zu mir kam und den Wunsch äußerte, wieder in die Welt zurückzukehren. Wenn sein Vater ihn nur noch einmal aufnehmen würde!

Meine Beobachtung der Haltung eines Vaters gegenüber seinem verlorenen Sohn ist, dass sich in dem Moment, in dem der Sohn so leben möchte, wie er sollte, nicht nur verschlossene Türen öffnen, sondern der Vater mit ausgestreckten Armen bereitsteht, um ihn zu empfangen. Dieser angeblich strenge Vater war, als er davon überzeugt war, dass sein Jim mehrere Monate lang treu in der Kolonie gearbeitet hatte, darauf bedacht, dass sein Sohn nach Hause zurückkehrte. Sogar der alte Arbeitgeber des Jungen äußerte sein Mitgefühl und bot ihm eine Stelle an.

Als diese gute Nachricht kam, musste ich dem Jungen nichts davon erzählen, dass es die Pflicht ist, fröhlich zu sein. Er wollte auf dem Tisch im Lesesaal der Männer einen Holzschuh tanzen lassen.

Früh am nächsten Morgen verließ er uns, ohne uns zu danken, was völlig unnötig war , und ohne sich auch nur kurz von uns zu verabschieden. Aber ein paar Tage später schrieb er mir, dass er nach vier Jahren wieder bei seinem Vater und seiner Mutter, seinem Bruder und seinen Schwestern in seinem eigenen Zimmer war und in seinem eigenen Bett schlief. Die Familie hatte es genauso eingerichtet wie vor den traurigen Jahren im Gefängnis. Sein Vater hatte ihm zu Ostern einen neuen Anzug gekauft. Am nächsten Tag sollte er mit der Arbeit beginnen.

Fast ein Jahr später besuchte er mich. Seine Arbeit hatte ihn aus der Stadt geführt. „Als ich dich das erste Mal traf", sagte er, „hatte ich kein Zuhause. Jetzt ist es eine Frage, welches ich zuerst besuchen soll, aber ich dachte, ich würde rauskommen, um dich zu besuchen, und dann heute Abend meinen anderen Vater besuchen."

# UNSER FREUND , DER ANARCHIST.

Wie ein Mensch in seinem Herzen denkt , so ist er.

*-Bibel.*

---

## Unser Freund, der Anarchist

ER sagte, er käme aus Deutschland, aber das sah man ihm nicht an, denn Deutschland ist ein schönes Land, und er war weit entfernt von auch nur der geringsten Andeutung von Schönheit. Hätte er gesagt, er sei gerade aus dem „Niemandsland" gekommen, hätte man ihm das ohne weiteres abgenommen . Für einen Deutschen waren sogar sein Akzent und seine grammatische Konstruktion unbefriedigend. Er begann seine Sätze nicht mittendrin und sprach nicht in beide Richtungen gleichzeitig, wie es die gut eingeführte Gewohnheit amerikanisierter Germanen war. In der Anspannung seiner Aufregung drückte er sich kurz und deutlich aus.

Er saß im Charity House und wartete auf die Untersuchung der Sozialarbeiter. Er hielt seinen Kopf in den Händen, während sein Körper häufig zuckte und ihm die Tränen in den Augen standen.

Einen Mann mit ungepflegtem Bart zu sehen, der wie eine zarte Frau in Tränen ausbricht, ist fast ebenso lustig wie erbärmlich, es sei denn, man weiß, worüber der Mann weint. Außerdem nehmen die Deutschen, anders als die Iren, ihre Probleme ernst, sodass ihre Verzweiflung ihnen oft die Hölle beschert, die sie fürchten.

war sicherlich kein Deutscher, der in den alten biblischen Tagen angeheuerte Trauernde auf die Straße schickte; es war zweifellos ein Ire, der genial auf die Idee kam, andere Männer dafür zu bezahlen, für ihn zu trauern.

„Woher kommen Sie?", fragte ich den Deutschen.

Er musterte mich misstrauisch von Kopf bis Fuß und antwortete dann recht höflich: „Ich bin deutscher Abstammung und habe den größten Teil meines Lebens in Heidelberg verbracht, wo mein Vater und mein Großvater an der Universität lehrten."

„Wann sind Sie in Amerika angekommen?", fragte ich ihn.

„Vor ein paar Tagen", antwortete er. „Ich kam aus Paris, wo ich schwere – für mich schwere – finanzielle Rückschläge erlitt. Ich versuchte, ein Geschäft ähnlich dem Ihrer Makler zu betreiben, die Geld auf Privatvermögen verleihen, aber da ich mit dem französischen Recht nicht vertraut war, stellte ich fest, dass ich die Rückzahlung der Kredite, die ich den Franzosen gewährte, nicht rechtlich durchsetzen konnte. Meine gesamten Ersparnisse

– die allerdings gering waren – waren verloren. Aus Ekel kam ich nach Amerika, und meine Lage ist jetzt schlimmer als je zuvor. Ich bin verzweifelt."

Er sprach leise und erhob seine Stimme nicht, aber seine Hände waren nervös und seine Augen erinnerten mich an Svengali – faszinierend, aber gefährlich. Ich hatte den Eindruck, ich hätte schon sicherere Männer gesehen, die in abgedunkelten Zellen eingesperrt waren und nur Holzlöffel zum Essen hatten.

„Hat der Wohltätigkeitsverein beschlossen, Ihnen zu helfen?", fragte ich.

„Ich fürchte nicht", antwortete er. „Sie möchten, dass ich ihnen die Adresse meines Vaters in Deutschland sage, da sie mir mitteilen, dass sie immer gründliche Nachforschungen anstellen. Sie fragten mich mehrmals nach meiner Privatadresse, aber ich wies sie ab, da ich nicht die Absicht habe, meine Lasten zu den Lasten hinzuzufügen, die mein Vater und meine Mutter bereits tragen. ... Scheint es sehr großzügig von Ihren Sozialarbeitern, so hartnäckig zu sein ? ... Aber entschuldigen Sie, gibt es bei Ihnen nicht das Sprichwort: ‚Wer bettelt, kann nicht wählerisch sein?'"

Ich antwortete nicht auf seine Frage, da ich darüber nachdachte, was mein Empfangskomitee – bestehend aus den Jungen der Kolonie – zu mir sagen würde, wenn ich diesen bärtigen Menschen einladen würde, sich unserer Familie anzuschließen. Für den Moment vergaß ich die Probleme des Deutschen bei dem Gedanken an die Probleme, die ich auf mich nehmen würde. Ich lächelte über meine bevorstehende Verlegenheit. „Es ist ja schön und gut", hatten mich die Jungen gewarnt, „uns für die neu angekommenen Mitglieder verantwortlich zu machen, um sicherzustellen, dass kein Krimineller oder Betrüger in die Familie aufgenommen wird, aber Sie könnten bei Ihrer Auswahl etwas wählerischer sein, nicht wahr?"

Der Deutsche nahm mein Angebot, sich der Kolonie anzuschließen, sofort an; er würde nach Hoboken fahren, sein Gepäck holen und sich mir so bald wie möglich anschließen. Sein Gepäck – er traf mich eine Stunde später – bestand aus einer Holzkiste, die zu klein war, um als Koffer bezeichnet zu werden , aber zu groß, um als Handkoffer bezeichnet zu werden.

Als wir uns dem Colony House näherten , kamen wir an mehreren Jungen vorbei, die uns offensichtlich schon von Weitem gesehen hatten, denn sie schienen sich sehr für die untergehende Sonne zu interessieren und wandten ihre Gesichter von uns ab. Schließlich kam ein Kerl auf uns zu, der wie ein guter Pullman-Schaffner über einen lachen kann, ohne seinen Gesichtsausdruck zu verändern. Nur wenn man genau hinsieht, bemerkt man vielleicht, dass die Muskeln in seinem Nacken in unkontrollierter

Fröhlichkeit tanzen – und sagte zu uns: „Ein wunderschöner Sonnenuntergang."

ihn für seine Unverschämtheit tadeln sollen , aber ich fragte einfach: „Wo?"

„Im Westen", erklärte er. Dann drehten sich die Jungen um und lachten hemmungslos.

„Ein gewöhnlicher Sonnenuntergang und ein ganz gewöhnlicher Witz", sagte ich ziemlich eisig. Aber sie lachten weiter und sahen zuerst meinen Begleiter und dann mich an.

„Nicht so normal ", sagte ein anderer Junge. „Wenn du es von hier aus sehen könntest, würdest du es verstehen."

„Ich verstehe Sie nur zu gut", antwortete ich.

Dann kamen die beiden Jungen vom Empfangskomitee zu uns und nahmen meinen deutschen Freund an die Hand. Es gab keine weiteren Bemerkungen, bis wir das Haus erreichten und der Mann selbst außer Hörweite war.

„Warum haben Sie so einen Mann mitgebracht?", fragte mich der Koch, kurz nachdem ich das Haus erreicht hatte, und alle blickten von der Abendzeitung auf, die sie gerade lasen, und wollten unbedingt ein bisschen lachen.

Aber die Jahre haben mich ein wenig über die Art der Menschen gelehrt. Hat Moses nicht, als die Kinder Israels versuchten, ihn in einen Streit zu verwickeln, seine Argumentation unangreifbar gemacht, indem er sagte: „Gott sprach zu Moses und sagte: –"

Danach gab es keine Gelegenheit mehr, sich zu streiten. Das Beste, was sie in einem solchen Moment tun konnten, war, sich ruhig in einer Reihe aufzustellen. Und es gibt eine Antwort, die die Heiterkeit von Obdachlosen immer bremst und sie so mitfühlend macht wie Kinder.

„Warum hast du ihn mitgebracht?", wiederholte der Koch.

„Warum?", sagte ich einfach. „ Der Mann hat Hunger."

Jeder der Jungen sah den Koch stirnrunzelnd an und widmete sich wieder seiner Lektüre. Und der Koch antwortete nicht, außer dass er dem Neuankömmling die doppelte Portion servierte.

In dieser Nacht schlief der Deutsche mit seinem Bett zwischen den beiden Betten des Empfangskomitees, und ich hörte nichts von ihm, bis sie am Morgen kamen, um mir Bericht zu erstatten.


„Vater", sagte einer aus dem Komitee, „ich mag diesen alten Typen nicht, den du gestern mitgebracht hast. Die ganze Nacht lang murmelte er im

Schlaf: ‚Nieder mit dem Millionär, verflucht sei der Kapitalist' – dieser Mann ist ein Anarchist.“

Einen Moment später kam das zweite Mitglied des Komitees herein.

„Mr. Floyd, kennen Sie die Holzkiste, die ‚Whiskers' mitgebracht hat ? “, fragte er nervös. „Ich legte mein Ohr daran und lauschte. Ich konnte ganz deutlich hören, wie etwas darin tick, tick, tick machte.“

„Du bist aufgeregt“, sagte ich. „Schick den Mann nach dem Frühstück zu mir.“

In meinem Zimmer unterhielten sich der Deutsche und ich lange.

Ich fragte ihn nach der Universität Heidelberg, dem Einfluss der Studenten auf die deutsche Politik und der weltweiten sozialistischen Bewegung – habe er jemals die Werke von Karl Marx, dem großen Sozialisten, gelesen?

Nein, das hatte er nie.

Hatte er jemals La Salle, den Anarchisten, gelesen?

NEIN.

Oder hatte er auf seinen Reisen jemals die kleine Broschüre mit dem Titel „Dynamit als revolutionäres Mittel“ gesehen?

NEIN.

Aber trotz der Ablehnung war es klar zu erkennen, dass mein alter Deutscher der Anarchist war, für den ihn mein Komitee entschieden hatte. Also ließ ich ausrichten, dass die Jungen ihre Freundlichkeit gegenüber ihrem halb verrückten Freund verdoppeln sollten. Es war eine Gelegenheit, unsere einfachen Methoden an einem Mann auszuprobieren, der das Gefühl hatte, dass die traurige alte Welt und ihre vielen Völker so völlig verloren waren, wie es einem Menschen passieren kann, der glaubt, dass in ihm nichts Gutes steckt. Menschen, die sich als böse empfinden, tun Böses.

Es waren kaum zwei Wochen vergangen, als unser guter Anarchist den Geist des Ortes erfasste und jene freundliche Sympathie zu spüren begann, die selbst in den Herzen gestrandeter Männer wohnt. Die jungen Männer schlossen ihn wirklich ins Herz.

Abends war er der Letzte, der an meine Tür klopfte, um nachzusehen, ob alles erledigt war; morgens war er der Erste, der fragte, was ich getan haben wollte .

Es war ein fröhliches „Gute Nacht" und ein fröhliches „Guten Morgen". Nach einigen Monaten gelang es unserem Anarchisten, die Adresse seines Bruders in Philadelphia herauszufinden. Der Bruder bot ihm ein Zuhause und eine Arbeitsmöglichkeit an, und so wurde vereinbart , dass unser Freund zu ihm kam.

Als er sich von mir verabschiedete, sagte er: „Als wir uns das erste Mal trafen, fragten Sie mich, ob ich anarchistische Schriften gelesen hätte, und ich antwortete Ihnen unwahrhaftig. Ich habe die Autoren gelesen, die Sie erwähnten, und in meiner Verzweiflung weiß ich nicht, bis zu welchem Extrem ich nicht gegangen wäre, denn ich hatte den Glauben an alle Menschen verloren.

„Aber als ich diese jungen Männer in der Kolonie sah, die ihre eigenen Probleme vergaßen und versuchten, mir zu neuem Mut zu verhelfen, bekam ich eine klarere Sicht auf das Leben – das Blut, das ich jetzt in meinen Träumen sehe, ist nicht das des Kapitalisten, der von einem kommunistischen Mob zu Tode gebracht wurde – es ist das Blut des sanften Christus, der sagte:

„Du sollst deinen Nächsten lieben wie dich selbst."

HAUPTGEBÄUDE VOM BUNGALOW AUS

# Ein schüchterner Bettler

„Ein schwaches Herz kann noch nie eine schöne Dame gewinnen."

---

## Ein schüchterner Bettler

„ES ist seine Schüchternheit", sagte mir die gute Dame, „die dazu geführt hat, dass der junge Mann in diesem anstrengenden Zeitalter des Materialismus kläglich versagt hat. Er ist ein sanftmütiger Mensch!"

Sie erzählte mir, dass er bei ihrer ersten Begegnung, als er bei ihr zu Hause vorbeikam und um etwas zu essen bat, so schüchtern und verlegen wirkte, dass sie sich sofort für ihn interessierte. Er errötete und stammelte auf höchst bemitleidenswerte Weise, und nachdem er herzhaft von dem Roastbeef und den Kartoffeln gegessen hatte, die man ihm vorsetzte, wollte er schnell davonlaufen und hatte kaum den Mut, zu bleiben und seinem Wohltäter zu danken.

Die gute Dame erzählte mir das alles in einem so ernsten Ton, dass ich das Gefühl hatte, ich müsse es ernst nehmen, und als sie mir vorschlug, ich solle in ein Nachbardorf fahren, um den Jungen am Zug abzuholen, weil er, da er nicht ans Reisen gewöhnt sei, nie allein den Weg zur Kolonie finden könne, verabredete ich mich mit ihm.

Es gibt einfältige Menschen – Geisteskranke –, die als Kinder oft hilflos sind, und ich war geneigt, diesen Jungen in diese Kategorie einzuordnen.

Doch der Junge, der am Bahnhof auf mich wartete, kam mir mit so selbstsicherem Gebaren entgegen, dass ich einen Augenblick lang erschrak. Die Meldung über ihn schien völlig falsch zu sein.

„Ich hätte Ihnen diese ganze Mühe nicht machen sollen", sagte er in einer Entschuldigung.

„Im Brief stand", antwortete ich, „dass Sie den Weg möglicherweise nicht finden würden."

Er warf mir einen schlauen, durchdringenden Blick zu und sagte dann, überzeugt, dass er verstanden wurde, einfach: „Tatsächlich?"

„Natürlich haben Sie der Dame, die Sie geschickt hat, nicht anvertraut, dass Sie es durch die meisten Staaten transportiert haben, soweit die Eisenbahn reicht?"

„Nein, ich bin nicht als Beichtender zu ihr gekommen", antwortete er, „sondern eher als Bettler an der Seitentür. Die Beichte kann einem Menschen helfen, spirituell voranzukommen, aber würden Sie einem Menschen, der auf der materiellen Ebene lebt, dazu raten?"

„Stimmt es", fragte ich, „dass Sie gestottert und errötet sind, als unser Freund Ihnen Roastbeef und Kartoffeln angeboten hat?"

„Es ist mein bestes Werbemittel", antwortete er.


Während dieses Gesprächs waren wir eine Strecke gefahren, und als ich an eine Kreuzung kam , war ich mir über die Richtung nicht mehr sicher.

„Gehen Sie bitte in das Bauernhaus", sagte ich zu meinem Begleiter und deutete auf ein fröhlich aussehendes Haus ein kurzes Stück von der Straße entfernt, „und fragen Sie nach dem Weg?"

Er stieg rasch aus und ging zur Seitentür, so dass ich ihn nicht mehr sehen konnte. Ich wartete und erwartete jeden Moment, dass er mit den gewünschten Informationen zurückkäme, und wurde langsam ungeduldig, als er zu mir herauskam. Sein Gesicht strahlte vor der Begeisterung, die einem erfolgreichen Vorstellungsgespräch folgt.

„Das ist dein Anteil", sagte er und hielt mir eine großzügige Portion heißen Apfelkuchen hin. „Die Dame, die hier lebt, ist eine mütterliche Seele – sehr stolz auf ihre Kochkünste, und der Kuchen duftete wirklich sehr verführerisch – ich konnte nicht widerstehen."

„Haben Sie Ihre übliche ‚Erröten und Stammeln'-Methode verwendet, um dieses Gebäck zu ergattern?", fragte ich ihn.

„Nein, sie war genauso hungrig nach meinen Komplimenten wie ich nach ihrem Apfelkuchen, also haben wir einfach einen fairen Tausch gemacht."

„Und die Wegbeschreibung zurück zur Kolonie?"


„Die Richtung?" und er kam sich extrem dumm vor. „Ich hatte die ganze Zeit das Gefühl, dass in meinem Unterbewusstsein ein Gedanke versuchte, sich durchzusetzen."

„Aber die Macht einer schlechten Angewohnheit", bemerkte ich, „hielt den Gedanken zurück: Gewohnheit ist eine starke Kraft zum Guten oder Bösen, denn sie erhält sich selbst durch eine Art Autosuggestion aufrecht. Sie wissen, dass alle Suggestionen mächtig sind."

„Es ist ein guter Kuchen, nicht wahr?", fragte er belanglos.

---

# FRITZ UND SEINE SONNENUHR

„Die kleine Aufgabe – gut erledigt – öffnet die Tür zu größeren
Möglichkeiten."

---

### Fritz und seine Sonnenuhr

JAHREN sah ich einen kurzsichtigen Koch Zwiebeln schälen – eine höchst
rührende Szene, wenn man nur nach dem äußeren Erscheinungsbild urteilt.
Der Vorfall beeindruckte mich damals tief, obwohl ich ihn schon lange
vergessen hatte, als der gute alte Fritz zu mir kam, mit Tränen, die über die
staubigen Furchen seines faltigen und wettergegerbten Gesichts liefen.

Eine seltsame Analogie weckte alte Erinnerungen. Ehrlichkeit hat – man
kann es sagen, was man will – etwas ungeheuer Lächerliches, wenn sie zu
sehr in Rustikalität gehüllt ist. Wir lächeln darüber, während wir ihr unsere
Liebe und unseren Respekt entgegenbringen.

Es kann mit unseren Herzen spielen und sowohl ernst als auch lustig sein.
Wir lachen darüber, damit wir nicht weinen und selbst lächerlich werden.

In gebrochenem Englisch versuchte er, das zu erklären, was
selbstverständlich war und keiner Erklärung bedurfte – seine eigene Not und
Verzweiflung. Seine schlichte Ernsthaftigkeit – sein offenes, ehrliches Wesen
– gewann sofort jedermanns Sympathie. Die Jungen begannen zu planen, wie
sie seine Not lindern könnten, während sie dem alten Mann mit wenig
Höflichkeit ins Gesicht lachten.

Seine Kleidung war um viele Nummern zu groß, was auch seine um mehrere
Nummern zu kleine Mütze nicht ganz wettmachte . Durch seine kaputten
Schuhe sprachen zehn Zehen in beredtem Englisch – das Bedürfnis nach
Schutz und Obdach.

„Wie kommt man nur in eine solche Lage?", fragte ein Kerl, der drei Wochen
zuvor ebenso ungepflegt angekommen war , es aber schon wieder vergessen
hatte, was auch gut so war.

„Der Grund?", fragte der Deutsche.

"Ja."

"Bier."

„Bier! Sie sind der erste Mensch, den ich je gesehen habe, der mit Bier so
weit gekommen ist", erwiderte der Fragesteller.

„Ich trinke nichts anderes, nie", bekräftigte der alte Deutsche.

„Ich glaube, Mr. Floyd wird versuchen, Sie schnell wieder sauber zu machen – oder gar nicht –, wenn Sie ihm sagen, dass Sie vom Bier bewusstlos geworden sind."

„Das hoffe ich", sagte der alte Mann. „Mir geht es ziemlich schlecht."


„Es wurden einige überzeugende Argumente vorgebracht, dass es die Spirituosen sind, die das ganze Unheil anrichten; dass leichter Wein und Malzbier nicht schädlicher sind als Tee. Und hier sind Sie in unserem Lager, um diese Behauptung zu widerlegen. Wenn Sie sagen, Sie hätten einen Bierrausch gehabt, wird man Ihnen möglicherweise nicht glauben."

„Vielleicht hat mir jemand, als ich nicht hinsah, ein bisschen Apfelwein ins Glas getan", antwortete der Deutsche schnell, als er in die Jungenküche ging, um sich einen Kaffee zu holen.

So kam es, dass Fritz Mitglied der Kolonie wurde und sein gutes Wesen ihn fast sofort zum Liebling der Bevölkerung machte. Seine Kräfte kehrten rasch zurück.

Die endgültige Heilung erfolgte , als einer der Männer unter den eintreffenden Büchern einen deutschen Band fand. Er brachte ihn Fritz mit etwas Argwohn, da es sich um ein Werk über Astronomie handelte und Fritz nicht wie ein Heidelberger Professor aussah. Doch als unser Freund einen Blick auf das Buch warf und den deutschen Text sah und dann bei genauerer Betrachtung feststellte, dass es sich um ein Werk über Astronomie handelte, war er außer sich vor Begeisterung.

„Gut! Sehr gut! Ich freue mich, es zu bekommen."


Eine Woche später, ein oder zwei Stunden nach Mitternacht, sah ich Fritz im Mondlicht vor dem Haus umherlaufen.

Ich ging hinaus, um ihn zu befragen, da mir sein Verhalten merkwürdig vorkam.

„Was ist los, Fritz?", fragte ich ihn.

"Es ist nichts."

„Aber ich möchte die Männer nicht so lange draußen haben", sagte ich.

„Ich kann es nicht finden", antwortete er.

„Was gefunden, Fritz? Was hast du verloren?"

„Ich kann den Nordstern nicht finden", sagte er traurig.

„Wissen Sie nicht, wo Sie danach suchen sollen?"

„Oh ja, aber es ist immer bewölkt."

In diesem Moment begannen sich die Wolken zu bewegen – nicht weil Fritz es wollte, sondern weil ihm die Geduld raubte.

„Da ist es. Das ist es", rief er, als er in den Stall rannte und mich allein stehen ließ, wo ich sinnlos die Sterne anstarrte . Aber Fritz kam genauso plötzlich wieder zu mir, wie er mich verlassen hatte. Er hatte ein quadratisches Brett mitgebracht, durch das eine Eisenstange lief.

„Was hast du da?", fragte ich ihn.


„Es ist meine Sonnenuhr; es ist meine eigene Erfindung. Ich habe noch nie eine Sonnenuhr gesehen, aber ich bin sicher, dass meine genauso genau sein wird wie jede andere."

Dann befestigte er das Zifferblatt fest auf einem Baumstumpf und richtete den Draht direkt auf den Nordstern.

„Morgen früh kann ich sehen, ob ich recht habe. Gute Nacht, Mr. Floyd."

„Gute Nacht, Fritz."

Mehrere Wochen lang arbeitete Fritz an Ort und Stelle und maß seine Arbeitszeit mit seiner genialen Erfindung. Manchmal arbeitete er noch, nachdem die Dunkelheit die Feierabendstunde überschritten hatte.

„Die Skala sagt uns", sagte ich eines Tages zu ihm, „dass es Zeit ist, mit der Arbeit aufzuhören."

„Nein", sagte er, „Sonnenuhren sind nie genau; manchmal weichen sie mindestens um fünfzehn Minuten voneinander ab. Denn die Erde umkreist die Sonne nicht in einem Kreis, sondern in einer Ellipse. Ich werde noch ein wenig arbeiten."

---

Eines Sonntags hörte ich Fritz aufgeregt in der Nähe der Stelle reden, an der die Wählscheibe angebracht war . Ich dachte, er hätte für den Moment vergessen, dass er ein Self Master war – wie es allen Menschen manchmal passiert. Aber als ich hinausging, um dem Lärm nachzugehen, sah ich, dass Fritz zehn oder fünfzehn Männer vor sich hatte und sagte:

„Es ist ganz einfach, die Entfernung zur Sonne oder von einem Planeten zum anderen zu messen. Es gibt hunderte Methoden, viele davon sind so einfach wie die Länge eines Gebäudes zu messen."

„Sie studieren Astronomie?", fragte ich.

„Ja, ich habe viele Jahre lang die deutschen Bücher über Astronomie studiert. Es ist mir ein Vergnügen."

Von diesem Tag an war unser Respekt für Fritz gefestigt. Es gibt eine Aristokratie des Lernens; wir ziehen sogar vor dem Bettler, der Bescheid weiß, den Hut.

Die Besucher interessierten sich alle für Fritz' merkwürdig aussehende Sonnenuhr , die aus einem quadratischen Brett und einem Stück Telegrafendraht bestand. Autos hielten am Straßenrand an, um sie zu betrachten. Die Kinder bestanden darauf, ihre Ingersolls nach dem fallenden Schatten auszurichten. Eines Tages stand ein bekannter Arzt da und untersuchte das Zifferblatt. Er holte seine Uhr heraus, um es zu vergleichen.

„Sehr klug", sagte er, „sehr klug; jetzt lass mich Fritz sehen." Und Fritz kam heraus.


„Er sieht nicht besonders gut aus", flüsterte mir der Doktor zu, als der alte Deutsche auf uns zukam.

Genau in diesem Moment ertönte die Fünf-Uhr-Pfeife. Der Doktor und ich schauten auf das Zifferblatt.

„Der Schatten", sagte ich, „fällt auf die Zahl Fünf."

„Ganz richtig", antwortete der Doktor.

„Das muss", sagte Fritz ruhig. „Das muss, denn der Draht zeigt zum Nordstern."

Der Doktor lächelte, als er sprach: „Ein Mann, der intelligent genug ist, um diese Nummer zu wählen, kann zumindest für meinen Stall und meine Pferde sorgen... Fritz, möchtest du für mich arbeiten? Ich habe einige großartige Pferde und bezahle gut für ihre Pflege."

„Ich gehe gern", sagte Fritz. „Wann willst du mich?"

"Morgen,"

„Darf ich gehen, Mr. Floyd?"

„Unter einer Bedingung", sagte ich.

"Was ist es?"

„Sie müssen der Kolonie Ihre Sonnenuhr geben."

„Es ist nichts, aber du kannst es haben, wenn du möchtest."

bekam Fritz einen guten Anzug mit Kragen und Krawatte.


„Das mit dem Kragen und der Krawatte weiß ich nicht", sagte der alte Mann. „Ich habe seit vielen Monaten keinen mehr getragen."

Drei oder vier der Jungen halfen ihm, den Kragen zuzuknöpfen und das Halstuch effektvoll zuzurechtzurücken. Dann kam der Doktor mit seinem besten Gespann Schoßpferde.

„Spring mit mir rein, Fritz", sagte er.

Der alte Deutsche stieg lächelnd ein, drehte sich um und zog vor mir und den Jungen seinen Hut .

„Danke ... Viel Glück", sagte er.

„Sie übernehmen die Zügel und fahren", sagte der Doktor.

Fritz knöpfte seinen Mantel fest zu, richtete seinen alten, gebeugten Rücken auf, nahm die Zügel und fuhr stolz davon.

„Er ist nicht mit der Kutsche gekommen", sagte ein Junge.

„Es sind die Self Masters, die ihm geholfen haben", sagte ein anderer.

„Sie vergessen die Sonnenuhr", sagte ich.

DER BUNGALOW VOM HAUPTGEBÄUDE

# Der Kellner, der nicht gewartet hat

„Wer nicht Herr seiner selbst ist, ist Herr über niemanden.“

*—Stahl.*

---

### Der Kellner, der nicht wartete.

WÄRE der Zeitplan genau eingehalten worden , hätte die Autogruppe jetzt ihren Tee und Toast aufgegessen und auf den Chauffeur gewartet, der mit ihrer Maschine vorfuhr, aber irgendwo schien es eine Verzögerung zu geben. Die Untersuchung ergab einen merkwürdigen Zustand. Die Besucher liefen ziemlich ungeduldig umher, während das Mittagessen, anstatt serviert zu werden, auf dem Sideboard in einem Nebenraum rasch abgekühlt wurde .

„Wo ist Delmonico Bill, der aufmerksame Kellner?“, fragten wir, nicht wenig überrascht über sein Verschwinden. Er war nirgendwo zu finden , obwohl wir überall nach ihm suchten.

Doch um Menschen erfolgreich zu führen, die ihre Verantwortungslosigkeit eingestehen, bedarf es eines Aufsehers, der nicht nur Geduld mit Enttäuschungen hat, sondern auch spontan eine passende Entschuldigung parat hat und Freunden fröhlich versichert, dass alles in Ordnung sei, selbst wenn - es sei denn, man betrachtet es aus der Perspektive von heute auf morgen - alles im Argen liegt.

An diesem besonderen Tag schien es keine offensichtliche Erklärung zu geben, außer dass der Kellner nicht gewartet hatte. Aber alles, was ein glückliches Ende nimmt, ist ein Erfolg, und das verspätete Mittagessen ließ die Besucher mehr denn je mit dem Werk sympathisieren. Wer uns für unsere Fehler liebt, wird uns noch mehr ans Herz wachsen, je besser er uns kennt. Die Gäste – die nicht zu Abend gegessen hatten – nahmen unsere Verlegenheit mit Humor und versicherten uns ihre besten Wünsche, als sie fröhlich davonfuhren, während wir uns dummerweise fragten, warum der Kellner seine Gäste unbewirtet gelassen hatte.

Heuboden herunterkam und Staub und Heusamen von seiner Kleidung wischte.

„Ist sie weg?“, fragte er dumm.

„Wer?“, fragten wir ihn im Chor.

„Mein Sonntagsschullehrer“, erklärte er.

Wir warteten auf seine weiteren Erklärungen. Es war das erste Mal, dass wir hörten , dass er jemals einen solchen Lehrer hatte.

„Es ist nicht so, dass ich mich im Geringsten schäme, als Kellner zu dienen. Niedere Arbeiten, die verrichtet werden müssen, sind für mich nicht demütigend. Aber als ich zu den Besuchern hineinschaute, während ich ihr Mittagessen auf dem Tablett anrichtete, erkannte ich in einer der Damen meine alte Sonntagsschullehrerin wieder und als ich daran dachte, in welchem Ausmaß ich ihre Anweisungen missachtet hatte, hatte ich nicht den Mut, ihr gegenüberzutreten … Meine Güte, war es heiß oben in diesem Heuboden ! …

„Das letzte Mal, dass ich diese gute Dame sah, war an dem Abend in der Sakristei der Kirche, als die Klassenmitglieder ihr ein Gruppenfoto von sich gaben. Wir gingen alle zusammen zum örtlichen Fotografen. Wir standen in drei Reihen – die Großen, die Größeren und die Größten – allesamt grobknochige Halunken, die versuchten, die spirituelle Pose von Sir Galahad einzunehmen. Das Foto hat mir nie viel bedeutet, aber der Rahmen – der goldene Rahmen – mit so viel Filigranarbeit war mächtig beeindruckend. Ich erinnere mich daran, weil 75 Cent meines Geldes darin steckten. Ich habe hart für dieses Geld gearbeitet. Ich habe fast drei Nächte gebraucht, um es von Cy Watson zu bekommen – ich spielte Penny-Ante im Kutschenhaus seines Vaters. Aber ich war froh, es so gut gebrauchen zu können.“

„Es war Schwarzgeld“, sagte einer der Jungen.


„Damals gab es kein schmutziges Geld. Geld war Geld und niemand hatte etwas davon.

„Ich hielt an jenem Abend in der Sakristei die Antrittsrede. Es war ein Meisterwerk. Die Lehrerin und die Frauen weinten alle. Ich habe die Rede jetzt vergessen ; dreißig Jahre des Herumreisens in der Welt verdrängen die Erinnerung an viele Dinge, die passiert sind, als wir Jungen in der Sonntagsschule waren. Aber ich konnte dieses Stück jahrelang wiederholen. Ich probte für diesen Abend über zwei Monate – ich konnte es vorwärts oder rückwärts sagen, ich konnte es in der Mitte beginnen und es auf beide Arten sagen – tatsächlich, wenn ich daran denke, glaube ich eher, dass ich es an jenem Abend so gesagt habe, denn der Applaus, der meiner bescheidenen Anstrengung folgte, war zu stürmisch, doch die Schüler hatten alle ihr Geld im Goldrahmen, und die Lehrerin sollte uns am nächsten Morgen in Richtung Osten verlassen, wo sie einen prominenten Mann heiraten sollte. Meine Mutter sagte, ich hätte großartig gesprochen, aber ich bezweifle, dass sie mir wirklich zugehört hat. Sie dachte, wie bezaubernd ich in den neuen Hosen aussah, die sie für mich gemacht hatte. Die Wahrheit war , sie hatte die ganze Nacht zuvor daran gearbeitet, sie fertig zu machen. Sie hatte einige Schwierigkeiten damit, die Nähte seitlich nach unten zu bringen. So wie es war, waren sie noch nicht ganz fertig, aber niemand außer meiner Mutter und mir wusste das.

„In den kommenden Jahren", sagte ich in meiner Rede, „werden uns nicht nur Ihre freundlichen Anweisungen in unseren Bibelstudien helfen, allen Versuchungen zu begegnen und sie zu überwinden, sondern auch die Inspiration, die wir aus Ihrer Freundschaft und Hingabe an unser geistiges Wohlergehen erhalten haben, wird uns unser ganzes Leben lang beeinflussen."

Einen Moment lang schwieg Delmonico Bill – was auch immer seine Gedanken gewesen sein mögen, er teilte sie uns nicht mit. Doch dann sah er das Tablett mit dem Tee und dem Toast darauf, genau so, wie er es zurückgelassen hatte.

„Es ist zu schade", sagte er, „vielleicht hätte sie mich überhaupt nicht gekannt ... Es tut mir leid ... aber Sie können es verstehen."

Dann begann er, das Mittagessen abzuräumen. „Der Tee ist noch warm", sagte er lächelnd. „Ich glaube, ich werde mir eine Tasse einschenken ... meine Nerven sind ganz schön durcheinander, vielleicht beruhigt es sie."


Er füllte die Tasse, hob sie und sagte: „Das ist für meine Sonntagsschullehrerin, die an mich geglaubt hat, als ich noch an mich selbst geglaubt habe. Gott segne sie."

# Verschärfung eines Verbrechens

„Erziehe ein Kind so, wie es sich gehört: Es wird auch im Alter nicht davon abweichen."

-Bibel.

---

## Verschärfung eines Verbrechens

ES klopfte an der Tür, doch niemand dachte daran, zu öffnen, bis es erneut klopfte – ein zweites Mal, schwächer – und dann einer der jungen Männer öffnete und zu dem Neuankömmling sagte: „Sie ist nie abgeschlossen, mein Junge."

Ein etwa siebzehnjähriger Junge kam herein und fragte mit kaum hörbarer Stimme, ob er die ganze Nacht bleiben könne.

Die jungen Männer schickten den Neuankömmling zu mir, um eine Antwort auf seine Bitte zu erhalten. Man konnte sofort erkennen , dass der Junge in einem Zustand großer Aufregung war. Er benahm sich so seltsam, dass ich ihn entgegen der Gewohnheit fragte, warum er gekommen sei.

„Die Polizei ist hinter mir her", stammelte er, drehte sich um und sah nervös zur Tür.

„Was hast du getan?", fragte ich den Jungen.

"Ich habe ein Fahrrad gestohlen und der Besitzer sah mich auf der Straße laufen und begann, mich zu verfolgen. Er rief mir nach: ‚Halt, Dieb!' Eine Menschenmenge begann sich zu versammeln und ich hatte alle Hände voll zu tun, um zu entkommen. Ich rannte um ein Gebäude herum und schloss mich der Menge bei der Suche an. Dann, nach einer Weile, verschwand ich wieder aus dem Blickfeld und beschloss, zu Ihnen zu gehen und um Rat zu fragen."

„Wo ist das Fahrrad jetzt?", fragte ich.

„Ich habe es verkauft", sagte er.

„Wo ist das Geld, das du dafür bekommen hast?"

„Ich habe es ausgegeben." Er begann zu weinen.

„Und jetzt beginnt Ihr Gewissen Sie zu plagen."

"Jawohl."

„Mein Junge", sagte ich ihm, „das ist kein Versteck für Jungen, die stehlen und nach denen die Polizei sucht."

Der Junge antwortete nicht; er drehte sich zur Seite und wischte sich mit seiner Mütze die Tränen ab. Dann ging er langsam zur Tür.

„Also kann ich nicht bleiben?", sagte er schließlich.

„Ich fürchte nein", antwortete ich.

Er ging zum Fenster und spähte in die Nacht hinaus.

„Sie werden mich kriegen", sagte er hoffnungslos, „und wenn sie das tun, bedeutet das eine lange Gefängnisstrafe für mich."


„Warten Sie einen Moment", sagte ich. „Wurden Sie schon einmal verhaftet ?"

„Ja, ein anderer Junge und ich haben uns ein paar schicke Postkarten von einem Schreibwarenstand genommen. Es waren lustige Bilder, die wir für unsere Sammlung haben wollten. Damals wurden wir nach Jamesburg geschickt . Da ich aus dieser Anstalt kam , wurde ich wegen einer anderen Tat erneut verhaftet und bin jetzt auf Bewährung draußen. Das nächste Mal, sagte der Richter, würde er mir eine lange Haftstrafe im Rahway Reformatory aufbrummen."

„Das alles hätten Sie früher bedenken sollen", sagte ich mit einer Strenge, die ich nicht empfand, denn ich wusste, wie leicht man von einem bösen Gedanken zu einer bösen Tat abdriften kann .

„Ich habe gehört, du hilfst Jungen, wenn sie es brauchten", wagte der junge Schlingel. „Ich brauche es jetzt bestimmt."

„Vielleicht helfe ich ihnen, wenn ich kann", antwortete ich, „aber ich mache mich niemals absichtlich zum Komplizen ihrer Missetaten."

„Der Richter sollte mir nicht mehr als drei Jahre geben", sagte der Junge nachdenklich, „selbst das ist eine lange Zeit … Das Fahrrad war sowieso nicht mehr als fünf Dollar wert. Der Besitzer sagte, er würde es mir für diesen Betrag verkaufen."

In diesem Moment war im Nebenzimmer ein Geräusch zu hören.

„Was war das?", fragte der Junge zitternd vor Angst.

„Dein Gewissen ist ganz wach, mein Junge. Das war einer der Männer, die die Fenster für die Nacht geschlossen haben."

Der Junge kam ganz nah an mich heran, damit er mir ins Gesicht sehen konnte, und sein Tonfall war tief und ernst, als er sagte: „Sie meinen also, ich sollte mich stellen und die Konsequenzen tragen?"

„Drei Jahre Gefängnis?", fragte ich und sah den Jungen direkt an. „Drei Jahre Gefängnis!"

Die Worte von Jacob Riis gingen mir durch den Kopf: „Wenn ein Junge ins Gefängnis geht, stirbt ein Bürger."

„Würden Sie sich an meiner Stelle stellen?", fragte er mich spitz.

Ich fuhr mir mit der Hand über die Augen. Anders als der Junge hatte ich keine Mütze, mit der ich mir die Tränen wegwischen konnte.


„Mein Junge", sagte ich, „ich werde ehrlich zu dir sein. Ich würde mich nicht stellen."

"Was würden Sie tun?"

„Zuerst würde ich mir vornehmen, nicht mehr zu stehlen, dann würde ich Geld verdienen und dem Mann das Fahrrad bezahlen."

Ein neues Licht erschien in den Augen des Jungen.

„Früher war ich kein Dieb", sagte er, „aber sie haben mich verrückt gemacht. Seit ich aus Jamesburg kam , beobachtet mich jeder. Meine alten Freunde, mein Vater und meine Mutter, die Polizei; immer hat jemand ein Auge auf mich. Ihr Verdacht macht mich wahnsinnig. Manchmal kommt es mir so vor, als ob sie mich herausforderten, ein weiteres Risiko einzugehen. Eines Tages traf ich auf der Fähre von New York einen Detektiv, der mich einmal verhaftet hatte. Wohin ich auch ging, er folgte mir. Ich hatte Angst, also ließ ich die anderen Jungen, die bei mir waren, zurück und ging zum Heck des Bootes. Ich erzählte es niemandem, aber als ich ganz allein war, steckte ich meine Hände in meine eigenen Taschen, damit er wusste, dass ich sie in den Taschen von niemand anderem hatte … Ich bin noch nicht sehr alt, aber ich weiß, dass man so aus einem bösen Jungen keinen guten machen kann."


Nach einem Moment sagte ich zu ihm: „Wenn ich mit dem Besitzer des Fahrrads vereinbaren kann, dass Sie es in kleinen wöchentlichen Raten bezahlen, würden Sie sich dann der Kolonie anschließen und von dem wenigen Geld, das Sie verdienen, mit dem Mann abrechnen, dem Sie Unrecht getan haben?"

„Wenn Sie mir helfen", erwiderte der Junge hoffnungsvoll, „werde ich es dem Mann und Ihnen gegenüber wiedergutmachen."

Am nächsten Morgen besprach ich den Fall des Jungen mit einem älteren Anwalt, der bei uns wohnt und aus eigener Erfahrung weiß, wie ruiniert man sich selbst sein kann, wenn man nicht die richtigen Methoden anwendet. Der alte Mann erklärte sich gern bereit, mit dem Besitzer des gestohlenen Fahrrads eine Einigung zu erzielen und den Jungen vor den Folgen seines Fehlverhaltens zu bewahren.

Der Junge arbeitete fleißig auf dem Grundstück und hatte in wenigen Wochen genug Geld verdient, um sich das Fahrrad leisten zu können. Er arbeitet jetzt auf der Farm eines Nachbarn und sagt, er sei entschlossen, etwas Sinnvolles aus seinem Leben zu machen.

„Wissen Sie“, sagte der alte Anwalt vor kurzem zu mir, „wenn uns jemals jemand im Fall dieses Jungen und seines Fahrrads vorwirft, wir hätten ein Verbrechen begangen, können wir uns mit der technischen Begründung verteidigen, dass das Fahrrad von so geringem Wert war, dass der Diebstahl nur ein geringfügiges Verbrechen war.“

„In diesem Fall – der Rettung eines Jungen vor dem Gefängnis“ – antwortete ich ihm, „ wenn uns eine Formalität vor einer möglichen Anklage bewahrt, bin ich mit einer solchen Verteidigung vollkommen zufrieden.“

---

# SULLIVANS TOD

„Bruder Philip, Sie sind die Stimmgabel, an der mein Gewissen den richtigen Ton annimmt."

—*Richelieu.*

---

### Der Tod von Sullivan

„Wie heißt der Name, der wächst

Immer mehr auf dich einwirken lassen?"

„Sullivan!" – „Das ist mein Name."

„Wer ist der Mann, der schrieb

Die Oper, Pinafore?"

„Sullivan!" – „Das ist mein Name."

„Big Tim, ihr alle kanntet ihn;

John L., Sie kennen ihn gut.

Es gab nie einen Mann namens Sullivan

Wer war nicht ad——— feiner Ire. "

— *Lied „Sullivan" von George Cohan.*

WENN Sie der Meinung wären, dass eine Namensänderung unabdingbar sei, und Sie Zugriff auf die gesamte Literatur – antike und moderne – hätten, die in einer Carnegie-Bibliothek zu finden wäre , würden Sie sich den Namen „Sullivan" aussuchen?

Offenbar war unser irischer Junge mit Cohan einer Meinung – „das ist ein – ein schöner Name" –, denn als ich in ihm, als er ziellos durch die Straßen der Stadt lief, ein Mitglied meiner Familie von Obdachlosen erkannte und ihn ziemlich unvermittelt fragte, wie er wohl heiße, lautete seine Antwort – die ich zu lange für wahr hielt – „Frank Sullivan".

„Entschuldigen Sie", sagte sich und merkte sofort, dass ich kein Recht hatte, ihm diese Frage zu stellen, und dass meine Gedankenlosigkeit den Jungen dazu veranlasst hatte, falsch zu antworten. Der Außenseiter, der seinen

Mitmenschen misstraut, sucht häufig Sicherheit in der Lüge, bis die Freundschaft den Verdacht entwaffnet und die Liebe die Wahrheit hervorruft, nach der sie nicht gefragt hat.

„ *Frank Sullivan* “, sagte ich. „Mir gefällt der Name auch.“

---

Und so kam er auf meine Einladung gern in unsere kleine Familie, um die glückliche Freiheit eines friedlichen Heims zu teilen, wo andere wie er ehrliche Arbeit verrichten und – nicht im Geiste organisierter Wohltätigkeit, sondern in der wahren Wärme brüderlicher Liebe – die Gastfreundschaft eines gern gesehenen Gastes empfangen.

Sein irisches Herz erfasste bald die Bedeutung der Arbeit und reagierte bereitwillig mit aufmerksamem Dienst … Wenn unsere Self Master Colony die Aufmerksamkeit eines aufgeschlossenen Mannes erregte, der in seiner humanitären Arbeit bekannt war, und mich so ermutigte, trug sie mich und meine Träume von einem besseren Leben immer höher, bis die Sterne unsere nächsten Nachbarn waren – Sullivan folgte mir in meinen Träumen, still und aufmerksam.

Wenn meine Arbeit missverstanden und meine besten Bemühungen diskreditiert wurden, war Sullivan an meiner Seite und tröstete mich still mit seiner Loyalität und Freundschaft.

Er ist in mein Leben hineingewachsen. Ich habe mich auf ihn verlassen und er hat mich nie im Stich gelassen.

„Richelieu“, sagte ich oft, „hatte seinen Bruder Philip, der ihn bei seinen Ambitionen unterstützte, und ich habe meinen guten Freund Sullivan.“

Dann, als die Monate vergingen, breitete das Gras wieder seinen zarten Teppich unter unseren Füßen aus, die Bäume blühten und schickten uns eine duftende Botschaft, der Hüttensänger und die Drossel riefen durch die offenen Fenster, bis wir, mit unserer Arbeit beschäftigt, feststellen mussten, dass der Frühling gekommen war – der Beginn eines neuen Jahres … Dann bemerkten die Brüder die Fortschritte, die wir in diesem Jahr gemacht hatten … Für sie schien es so viel, für die Außenwelt so wenig.

„Jetzt sieht es besser aus“, sagte Sullivan stolz, als er die Autos vor der Tür anhalten sah. „Sie bringen Prince und Pauper dazu, Ihnen zu huldigen.“

„Nein, Sullivan, das nicht ich. Es ist die Wahrheit, nach der alle hungern – der Bettler wie der Prinz – und während einige wenige sie durch Meditation und die meisten durch Gebet erreichen können, müssen die meisten aus gewöhnlichem Volk wie Sie und ich sie durch Dienst erreichen.“

„Ich verstehe Sie nie ganz, wenn Sie sprechen", sagte er. „So sehr ich es auch versuchte, ich konnte diese trockenen alten Bücher nie lesen ... Aber nebenbei frage ich mich, ob wir Decken für den Neuankömmling haben, der gerade hereingekommen ist."

Denn die gestrandeten Söhne der Stadt kommen oft, um sich unserer Familie anzuschließen und unsere einfache Gastfreundschaft zu teilen.

---

„Sullivan", sagte ich eines Tages, „dieses Werk wird immer mehr wachsen ... Wenn wir gewonnen haben, möchte ich, dass Sie den Ruhm mit mir teilen – Sie werden bleiben, nicht wahr?"

Als ich keine Antwort erhielt, drehte ich mich um und sah, dass er verschwunden war – verschwunden, um dem neuen Gast seine Decke anzubieten.

„Ja", hörte ich ihn sagen, „ich habe ein paar zusätzliche Decken auf meinem Bett, die du haben kannst."

„Noch eine Lüge. Sullivan, du solltest immer die Wahrheit sagen." Denn die Nächte waren kalt und es gab nicht zu viele Decken. Und dennoch , da viele Gebete Lügen sind, warum sollten manche Lügen nicht Gebete sein? „Vielleicht werden diese kleinen Unwahrheiten von dir in deinem dunklen Fegefeuer, mein irischer Junge, als Gebete gezählt."

Eines Nachmittags kam ein Brief für meinen Freund – in der ziemlich mühsamen Handschrift eines jungen Mädchens – er hatte schon viele solcher Briefe bekommen, und als ich ihn ihm gab, lächelte ich ein wenig. Ihm gegenüber war ich immer ein nachsichtiger Vater gewesen – denn ein Junge und ein Mädchen werden uns lieben, auch wenn er oder sie unser Lieblingskind ist.

Am Abend, als die Arbeit vorüber war, kam Sullivan zu mir und fragte, ob er mit mir reden könne. Es war eine seltsame Bitte, denn er schien nie reden zu wollen, und ich wusste, dass ihn etwas tief bewegt hatte.

„Sie wissen, dass mein Name nicht Frank Sullivan ist", fragte er.

„Ja, ich weiß", antwortete ich.

„Aber wussten Sie, dass ich verheiratet bin?", fragte er.

„Was, ein Junge wie Sie ist verheiratet?", fragte ich.

„Ja, ich bin seit über zwei Jahren verheiratet und habe eine einjährige Tochter. Die Briefe, die ich erhalten habe, waren von meiner Frau Josephine. Sie und ich sind weggelaufen und haben geheiratet, aber als wir zurückkamen, wollte mich ihr Vater nicht akzeptieren. Er sagte, ich sei seiner Tochter nicht würdig – und er hat zweifellos recht. Er ist reich und ich konnte sie nicht so unterstützen, wie sie es gewohnt ist. Also war ich gezwungen, sie zu verlassen. Aber Josephine und ich konnten nicht vergessen.

„All diese Monate hat sie versucht, das Interesse ihres Vaters an mir zu wecken, und jetzt, wo das Baby ein Jahr alt ist, hat er beschlossen, mir zu helfen... Wir – Josephine und ich – wussten, dass er mit der Zeit nachgeben würde; er liebt Josephine und das Baby nämlich auch. Deshalb möchte ich zu ihnen gehen."

„Ja", sagte ich einfach, denn das Gefühl eines bevorstehenden Verlustes hatte mich meiner schönen Worte beraubt.

„Als Sie mich trafen, wusste ich nicht, wohin ich gehen oder was ich tun sollte", sagte er.

"Ja."

„Ich habe mir geschmeichelt, dass ich Ihnen beim Start Ihrer Arbeit eine Hilfe gewesen bin. Sagen Sie mir, habe ich Ihnen gegenüber einen guten Dienst erwiesen?"

"Ja."


„Ich werde versuchen, es Josephines Vater wiedergutzumachen."

"Ja."

sagte er nach wenigen Augenblicken :

„Jetzt, wo es Zeit ist, von dir zu gehen, verlasse ich dich und die Jungs nur ungern."

„Aber Sie müssen gehen", sagte ich, „denn Ihre Frau und Ihr Kind haben den ersten Anspruch."

„Josephine wollte, dass ich dich um zwei oder drei Teppiche bitte, die die Jungs weben. Wir brauchen sie für unser neues Zuhause."

„Die kannst du haben."

Und ich nahm seine Hand und sagte: „Auf Wiedersehen, Sullivan."

„Nicht mehr Sullivan, sondern McLean", antwortete er.

Als er sich abwandte, sagte er halb bedauernd: „Es ist Sullivans Tod."

„Ich frage mich, ob Richelieu letztlich seinen Bruder Philipp verloren hat? ", fragte ich mich, als ich ihm zum Abschied zuwinkte.

# ALS DIE SCHWESTER ANRUFT

„O Herr, ich will das erste Brot. Dein Befehl, nicht meine Wahl, ist, dass
das Brot zuerst da sein muss."

—Sidney Lanier.

### Als die Schwester anrief

ER kam – Jim – auf wärmste Empfehlung von zwei Kerlen, die von ihrem
Verstand leben – Lakewood Joe und Corduroy Tom. Sie sind meine Freunde,
das haben sie mir erzählt. Einer von ihnen kommt im Winter immer zu mir
und möchte unbedingt Arbeit auf einer Farm finden; der andere macht sich
im Frühling mit ein paar kaputten Regenschirmen und einem
Eisenbahnnagel als Hammer auf die Suche nach „irgendwas, das repariert
werden kann".

Das Reparieren von Regenschirmen war einst ein angesehener Beruf, doch
seit der Einführung des billigen Regenschirms ist er in Verruf geraten. Aber
diesen traurigen Teil der Geschichte sollte Lakewood Joe selbst erzählen,
denn er bringt ihm – einem bescheidenen Mechaniker – viele heiße Tassen
Kaffee und viele Groschen ein.

Die Empfehlung meiner beiden Freunde war so stark, dass ich dem jungen
Jim beinahe den Zutritt verweigert hätte. Aber sein Benehmen gefiel mir, und
unser Empfangskomitee – bestehend aus Mitgliedern der Familie –
versicherte mir, dass wir den armen Jim nicht fürchten müssten. Wie auch
immer , wer nichts hat, kann sich getrost mit jedem anfreunden, den er will.

ie ") in einem Holzfällerlager in einem Oststaat gewesen war . Als also in der
Küchenabteilung unseres Hauses eine Stelle frei wurde , wurde Jim für die
Stelle ausgewählt.

Er erwies sich als ausgezeichneter Gehilfe und arbeitete – wie man so schön
sagt – für das Haus. Er machte den Kaffee so schwach und die
Kartoffelsuppe so reichhaltig, dass ich, der ich aus Gewohnheit und aus
Notwendigkeit sparsam war, jedes Mal errötete, wenn einer der Jungen sagte,
dass ihm das gute Abendessen geschmeckt habe.

Ich hätte keine Angst haben müssen, denn es war Jims Lächeln, das uns alle
mit der einfachen Kost zufrieden machte .

„Eine großartige Köchin", sagten die Jungen.

„Ein großartiger Koch", würden Echo und ich antworten.

Jim hatte mehrere Jahre lang hart gelebt und kannte sich ein wenig mit den Gepflogenheiten der Straße aus. Als Junge hatte er in der Fabrik seines Vaters gearbeitet, und da einige der Arbeiter der Meinung waren, dass sie nicht angemessen bezahlt wurden, schloss sich der Sohn den Arbeitern an und trat in einen Streik gegen seinen Vater.

In der Aufregung des Streiks hatte der Vater mit dem Sohn darüber gesprochen, dass er sich den Streikenden anschließen sollte. Dem Vater kam das wie Illoyalität vor – Undankbarkeit. Der Sohn hingegen konnte seinen eigenen psychischen Zustand nicht ausreichend analysieren, um zu erklären, warum seine Sympathie den Streikenden galt. Da er sich in seiner alten Heimat nicht mehr willkommen fühlte, begann er, umherzuwandern.

Sieben Jahre waren vergangen, seit er den alten Leuten geschrieben hatte. Ein- oder zweimal hatte er indirekt erfahren, dass sein Vater nach ihm suchte, doch er brachte es nicht übers Herz, zu schreiben, geschweige denn zurückzukehren.

Er war fast einen Monat bei uns, als er eines Abends sah, wie die anderen Jungen Briefe nach Hause schrieben, beschloss er, selbst einen Brief an seine verheiratete Schwester in Pennsylvania zu schreiben. Als er den Brief geschrieben und abgeschickt hatte, bereute er fast, was er getan hatte.

War er nicht ein Vagabund – ein junger Landstreicher, wenn man so will – und warum sollte er nach all diesen Jahren an die Heimat denken, selbst wenn ihn die freundliche Anteilnahme, die er in der Kolonie fand, an die besseren Tage erinnerte?

Aber der Brief war bereits unterwegs … Er fragte sich, was seine Schwester denken und wie sie reagieren würde … Er war ihr immer wichtig gewesen.

die Bohnensuppe , die er für das Abendessen zubereitete , an, und er machte sich Vorwürfe wegen seiner Geistesabwesenheit.

„Die Jungs müssen angebrannte Suppe essen, nur weil ich zu sentimental geworden bin", sagte er sich.

---

Dann kam die Nachricht, dass eine hübsch gekleidete junge Dame die Einfahrt heraufkam. Im Teezimmer des Colony House sind viele Besucher, also hätte es keine Aufregung geben müssen. Aber jemand flüsterte: „Schau dir Jim an!"

Er hatte einen Blick auf den näherkommenden Fremden geworfen. Er war blass und zitterte. Mit schwacher Stimme sagte er zu mir: „Es ist meine Schwester. Sag ihr, ich sei heute Morgen abgereist … Sag ihr, ich habe eine Stelle."

Und dann klingelte es und er sagte:

„Warte – ich werde sie sehen."

Also kämmte er sich die Haare, rückte seine Krawatte zurecht und ging hinein, um seine Schwester zu treffen.


Der obdachlose Außenseiter stand seiner aristokratischen Schwester mit dem süßen Gesicht gegenüber! Als die Jungen sie sahen , wussten sie nicht, wen sie mehr bemitleiden sollten, obwohl die Sympathie größtenteils bei Jim zu liegen schien.

„Geht es allen gut?", fragte der Bruder und versuchte, die angespannte Situation zu lindern.

„Ja", antwortete sie, „aber warum hast du mir all die Jahre nie geschrieben? Ich habe deinen Brief heute Morgen bekommen und bin in einer Stunde losgefahren, um dich zu erreichen, aus Angst, ich könnte dich wieder verlieren. Vater hat dich überall gesucht. Er glaubt, er war hart zu dir, als du damals mit den Männern zugeschlagen hast – denn du warst noch ein Kind.

„Ich dachte, ich könnte dich dazu bringen, mit mir nach Hause zu kommen", fuhr sie fort. „Mein Mann und ich haben ein tolles Zuhause. Du bist immer willkommen … Oder warum gehst du nicht zurück zu deinem alten Job bei Vater? Er braucht dich. Er wird älter."

„Glaubst du, er würde mich zurücknehmen?"

„Gerne. Was machst du hier?"

„Ich bin Koch für die Jungs", sagte er.

„Du bist Köchin?", lächelte sie. „Als wir noch Kinder waren, hast du zu Hause doch nicht mal das Geschirr für mich gespült. Du kannst nicht besonders gut kochen … Aber egal. Ich habe dich gefunden."

„Verdammt! Ich habe die Bohnen schon wieder anbrennen lassen." Und er entschuldigte sich für einen Moment.

Als er zurückkam, sagte er: „Ich werde dir schreiben, wenn ich mich entschließen kann, nach Hause zurückzukehren. Es kommt ein wenig plötzlich, weißt du. Ich bin zu lange ein Verschwender gewesen, um mich auf der Stelle in den weißhaarigen Sohn eines Vaters zu verwandeln."

Dann fragte er nach einem Moment : „Weißt du, was Mutter immer in die Bohnen getan hat, wenn sie sie verbrannt hat, um den rauchigen Geschmack zu entfernen?"

„Jim, Mutter war nicht so eine gute Köchin."

Als die Schwester hinausging, um in die Kutsche zu steigen, sagte sie: „Versprich mir, dass du hier nicht weggehst, ohne mir zu schreiben. Ich möchte dich nicht wieder verlieren."

„Ich verspreche es", sagte er.

---

An diesem Abend aßen die Jungen schweigend zu Abend. Jeder von ihnen war in Gedanken versunken.

„Schade, dass die Bohnen verbrannt sind", sagte Jim.

„So mag ich sie", antwortete einer der Jungen. „So schmecken sie anders."

An diesem Abend schrieb nach dem Abendessen niemand einen Brief, was ungewöhnlich war, und einer der Jungen fragte im Scherz einen anderen in seiner Nähe: „Warum schreibst du nicht einen Brief nach Hause an deine Schwester?"

„Ich fürchte", antwortete der Junge, „sie könnte persönlich antworten, so wie Jims Schwester es tat."

Jim hat einen Job auf einer Farm angenommen und spart sein Geld. Er hat fast genug, um in sein altes Zuhause zurückzukehren; er weigert sich, Hilfe von seinem Vater oder seiner Schwester anzunehmen.

„Ich werde so zurückkehren, wie ich weggegangen bin – unabhängig."

# EDISONS ABENDSTERN

„Sucht den, der die sieben Sterne und den Orion gemacht hat : Der Herr ist sein Name."

-Bibel.

---

### Edisons Abendstern

*Hamlet* : „Ja, wahrlich, warum wurde er nach England geschickt?"

*Erster Clown* : „Na, weil er verrückt war. Dort wird er wieder zu Sinnen kommen, und wenn nicht, ist das auch keine große Sache."

*Hamlet* : „Warum?"

*Erster Clown* : „ Das wird man ihm dort nicht anmerken; dort sind die Männer genauso verrückt wie er."

— Shakespeare.

ZU sein, doch wenn man nicht geistreich ist und gezwungen ist, in einer Kolonie zu leben, die aus mehr oder weniger rücksichtslosen jungen Männern besteht, ist das doppelt bedauerlich.

In der Gruppe werden Exzentrizitäten schnell entmutigt. Der Griesgram, der Spinner, der Tyrann muss, wenn er bleiben und in Harmonie leben will, seine Lektion in Demokratie lernen – der Individualist hat weniger zu tun .

Natürlich sollte der Dummkopf jederzeit Immunität genießen, und theoretisch ist er das auch, aber in der Praxis macht selbst der sanftmütigste Mensch seinen kleinen Scherz auf Kosten des geistig weniger wachen Menschen. Die Mitglieder der Kolonie bilden da keine Ausnahme.

„Erzähl uns mehr", fragten die Jungen den Mondsüchtigen eines Abends nach getaner Arbeit , „über die Bewohner des Mars, die du in deinen Trancezuständen siehst."

Und dann würde er – der Mondsüchtige – die seltsamen Menschen, die er in seinen Träumen gesehen hatte, im Detail erklären.

„Diese Planeten", sagte er ihnen, „werden alle für die kommende Menschheit vorbereitet... Nach vielen Zyklen bewegen wir uns weiter zu neueren und besseren Welten... Jeder der mystischen Sieben Planeten steht im Dienste der Menschheit. Immer wieder hat eine neue Welt die Last der Hoffnung und der Verzweiflung des sich entwickelnden Menschen getragen... Der kosmische Plan ist des Wundersamen Gottes würdig, der nicht nur die

Sieben Planeten unter Kontrolle hat, sondern auch die Sieben Universen mit ihren Sieben Sonnen regiert – ihr lacht, die meisten Menschen lachen, die Kirchenmänner lachen, sie wissen es nicht, sie haben es nicht gesehen – aber ich weiß es und habe es gesehen."


„Wie interessant", sagte ein Junge und zwinkerte seinen Mitschülern verschmitzt zu. „Ich weiß selbst etwas über Astronomie; mein Bruder hat in Princeton studiert."

einem Sommerabend statt. Die Jungen saßen draußen auf dem Rasen und genossen die Nachtluft, denn der Tag war heiß und drückend gewesen.

„Was weiß irgendjemand von euch über die Sterne?", sagte der vom Mond getroffene Weise.

„Sehr wenig, aber erzähl uns", sagte einer der Jungen, „ denn ich glaube an deine Visionen. Ich habe selbst eines Nachts von einem großen Feuer geträumt – ein schlechtes Zeichen, wie du ganz genau weißt – und am nächsten Tag wurde ich ,erwischt'."

„Ja, Sie kennen sich sehr gut mit Sternen aus", sagte er mit einem Lächeln der Skepsis. „Das heißt, ich nehme an, Sie können zwischen einem Stern und einer Laterne unterscheiden."

„Pass auf", sagte ein Junge, der vorher nichts gesagt hatte, „er macht Witze."

„Nein, im Ernst", sagte der Witzlose, „als ich ,Laterne' sagte, bezog ich mich auf das Licht, das Edison jeden Abend aufhängt, wenn das Wetter klar ist – Sie haben zweifellos davon gelesen. Er plant, ein Licht zu konstruieren, das dieses Land nachts fast so hell erhellt, wie die Sonne es am Tag erhellt … Sehen Sie dieses Licht direkt über den Bäumen im Osten? Sie erkennen es daran, dass es größer ist als alle Sterne um es herum. Es sieht aus wie ein Stern, nur viel heller. Sehen Sie es?"

„Ja", sagten die Jungen, die ganz aufmerksam zuhörten, obwohl ein oder zwei skeptisch waren, bis sich einer aus der Gruppe daran erinnerte, dass er in der Sonntagsbeilage einer New Yorker Zeitung über Edisons starkes Licht gelesen hatte.

„Er ist ein wunderbarer Mann", sagte ein anderer.

Schließlich waren alle überzeugt , und der Mondsüchtige stand zufrieden ziemlich abrupt auf und ging ins Haus.

Ein paar Tage später verließ er die Kolonie, um zu seinen Verwandten in einer weit entfernten Stadt zu fahren, und so hatten die Jungen niemanden, dem sie Streiche spielen konnten, niemanden, der ihnen nicht an Witz ebenbürtig war.

Einige Wochen später sagte einer der jungen Männer zu mir, als wir uns abends im Freien unterhielten:

„Da hängt Edisons Licht über den Bäumen."


„Wo?", fragte ich.

„Das helle Licht dort drüben, das wie ein großer Stern aussieht. Der Witzlose hat uns davon erzählt. In mancher Hinsicht war er wirklich weiser, als wir ihm zugetraut hätten."

„Das ist der Abendstern", sagte ich.

„Es ist was?", fragte ein anderer Junge.

„Es ist Venus, der Abendstern."

„Er hat uns erzählt, dass Edison es dort aufgestellt hat."

„Es ist also wirklich kein beleuchteter Ballon?"

Die Jungen sahen von einem zum anderen, dann alle lachten laut und lange.

„Heißt es in der Bibel nicht: ‚Antworte einem Narren entsprechend seiner Narrheit?'", fragte ein Junge.

„Ja, und es heißt auch: ‚Antworte einem Narren nicht nach seiner Narrheit, damit du nicht wie er wirst.'"

# IN DER WELT DES WANDERLUST

„In einem falschen Zeitalter wahre Beziehungen zu den Menschen zu pflegen, ist einen Anfall von Wahnsinn wert, nicht wahr?"

—*Emerson.*

## In der Welt der Wanderlust

DER Geist der Wanderlust erfasst in den frühen Frühlingstagen die ganze Welt – der sogenannte Hobo begibt sich auf die offene Straße, der Millionär in sein Landhaus, jeder freut sich, dass die lange Gefangenschaft des Winters vorbei ist, denn alle Menschen sind sich in ihrer Liebe zur Freiheit ähnlich. Es ist eine Suche nach dem Ideal. Mit De Soto würden wir sagen: „Irgendwo, wenn Ihr unermüdlich sucht, werdet Ihr den Brunnen der Jugend und des Glücks entdecken und daraus trinken ."

„Die Leute sagen, sie verstehen mein ruheloses Umherwandern nicht", bemerkte Lakewood Tom. „Kann es sein, dass sie nie die Ankunft des ersten Rotkehlchens beobachtet haben und nicht wissen, dass es das neue Regime der Verheißung und des Wohlstands einläutet?

„Andere Menschen verweilen vielleicht in der schwindenden Dämmerung des müden Tages. Ich gehe, um die aufgehende Sonne zu begrüßen. Sogar die Vögel – die kleinen Landstreicher der Lüfte – brechen Anfang Mai fröhlich ihr Lager ab. Wie sie begebe auch ich mich auf die offene Straße und laufe im Glauben.

„Aber Sie, meine Herren, mit Ihren weltlichen Gütern sind Vagabunden, nicht weniger als ich. Aus der unerschöpflichen Speisekammer des Göttlichen gibt Gott Ihnen – sozusagen – eine Brotkruste, und die Menschen nennen Sie mächtig an Reichtümern. Befolgen Sie den Rat eines Vagabunden und hinterlassen Sie Ihr Zeichen an dem Haus, in dem Sie Gunst gefunden haben, damit Sie nicht nach vielen Jahren entmutigt wieder dort vorbeikommen und ein weiteres ‚Almosen' benötigen – vielleicht keine Brotkruste, aber ein dauerhafteres Geschenk – eine ideale Chance, die vielleicht nicht so schnell versagt. Manchmal finde ich es traurig, dass dem Menschen nur das gegeben wird , worum er bittet.

„Adieu", sagte Lakewood Tom und nahm seinen Stab. „Wenn nächstes Jahr der Schnee fällt, werde ich Ihr Kloster mit Ihrer Erlaubnis vielleicht wieder besuchen, wenn ich durch einen glücklichen Zufall auf dieser Erde bin. Wenn nicht, treffe ich Sie an einem Weihnachtstag auf dem Planeten Mars, denn ich vergesse nie einen Freund. Gute Besserung! Adieu."

„Die vielen Entbehrungen haben den alten Mann verrückt gemacht", sagte ein Kamerad, der zusammen mit mir dem alten Vagabunden zusah, wie er langsam die Auffahrt hinunterging.

„Ich weiß nicht", sagte ich.

# DIE ZWEI JEANS

„Jedem Menschen kommen edle Gedanken, die wie große weiße Vögel
durch sein Herz fliegen."

—Maeterlinck.

---

### Die zwei Jeans

„ES sind immer harte Zeiten auf der Bowery", erzählte mir mein kleiner
Informant. Er war neu in unserer Kolonie. Er war in Begleitung eines
anderen jungen Mannes vor ein oder zwei Stunden eingetroffen, aber ich
hatte nicht mit ihm sprechen können, außer ihm zu versichern, dass er und
sein Freund zumindest eine Nacht bei uns bleiben könnten. „Ja, Sir", fuhr er
fort, „ohne Geld ist ein Mann tot; selbst in diesem seltsamen Umfeld noch
fremderer Menschen ist Geld ein tägliches Bedürfnis. Natürlich können
einige Männer, die die verborgenen Wege kennen, mit nur zwanzig Cent pro
Tag oder weniger auskommen, aber ich selbst könnte nicht mit weniger als
fünfunddreißig Cent existieren."

Die Zahlen, die er nannte, schienen mir bescheiden genug. „Könnten Sie
nicht so viel verdienen?", fragte ich ihn.

„Ich bin so klein, dass mich niemand einstellen würde", antwortete er. „Ich
könnte ab und zu Besorgungen machen. Natürlich hat meine Mutter, als sie
noch lebte , einen Haushalt für mich geführt, aber nach ihrem Tod wusste
ich nicht, was ich tun sollte. Ich saß Tag für Tag nur im Haus und schaute
aus dem Fenster. Ich konnte keine Pläne für mich selbst machen. Als Baby
bin ich nämlich hingefallen und habe mir den Rücken verletzt. Nach diesem
Unfall bin ich nicht mehr viel gewachsen. Die Ärzte nannten es eine
Verkrümmung."

Er lachte leicht, als er mich fragte: „Kennen Sie das Gedicht von James
Whitcomb Riley,

„Ich bin also ein kleiner Krüppeljunge

Und werde nie wachsen,

Und überhaupt ein großer Mann werden ,

„Weil Tante es mir erzählt hat."

„Ich glaube, ich bin dieser Junge. Einmal fand ich zufällig dieses Gedicht und
las es meiner Mutter vor. Sie nahm mir das Buch in ihrer sanften Art ab, legte

ihre Arme um mich und sagte mir, ich solle ein guter Junge sein, dann würde alles gut werden. Aber es kam nie alles gut. Vielleicht war ich nicht gut genug, aber das interessiert Sie nicht . Sie hören genug Geschichten über Pech und Pech, auch ohne meine."

„Wenn Sie es mir erzählen möchten", sagte ich, „werde ich Ihnen gern zuhören."

„Nun, es ist nur das", fuhr er fort. „Ich war nicht schlau genug, um meinen Lebensunterhalt allein zu verdienen. Ich kann nicht gleichzeitig meine Zimmermiete und mein Essensgeld verdienen. Wenn ich zu Mittag esse, habe ich kein Zimmer, und wenn ich ein Zimmer habe, habe ich nichts zu essen."

Er wurde sehr ernst. Er konnte über seinen missgestalteten Rücken lachen und sich über seine Missbildung lustig machen, aber der Hunger – schon beim bloßen Gedanken an Hunger – ließ das Lächeln aus seinem Gesicht verschwinden, die Farbe wich aus seinen Lippen.

„Bist du schwach?", fragte ich ihn schnell.

„Nein, ich bin ein Feigling", sagte er, „einfach ein Feigling. Sehen Sie, ich bin geschlagen und ich weiß es."

„In ein paar Tagen wird es Ihnen wieder gut gehen", sagte ich, „und Sie werden das Essen genauso fröhlich kritisieren können wie jedes andere Mitglied meiner Familie." Ich lachte ziemlich fröhlich , aber er lachte nicht mit mir. „Sind Sie und dieser Junge schon lange befreundet? Wo haben Sie ihn kennengelernt?", erkundigte ich mich.

„Vor einigen Wochen im Park. Er hat auch kein Zuhause. Er schlief draußen und ich auch. Er gab mir ein Stück Zeitung, das ich unter mich legen sollte, da der Boden feucht war. Also versuchte ich, mit ihm zu reden … Er sieht gut aus, nicht wahr?"

Ich habe es zugegeben.

„Na ja, er ist ein russischer Dummkopf", sagte der Junge.


„Er ist was?", fragte ich.

„Er ist erst vor drei Monaten aus Russland eingetroffen und kennt sich nur sehr wenig mit der englischen Sprache aus. Er hat nicht die geringste Ahnung, wovon ich die ganze Zeit mit Ihnen gesprochen habe. Nacht für Nacht hat er sich, da er kein Bett zum Schlafen hatte, im Park ‚rumgehangen' oder ‚das Banner getragen' bis zum Morgen."

„Also hast du ihn mitgebracht?"

„Ja, ich wusste nicht, ob Sie uns aufnehmen würden oder nicht. Ich dachte, ich würde ihn mitnehmen, weil ich davon ausgehe, dass der Boden in Jersey nicht härter zum Schlafen ist als im Staat New York. Wenn Sie uns abweisen müssen, wird es uns nicht schlechter gehen als bisher."

„Wir werden irgendwie Platz für Sie und Ihren Freund schaffen", sagte ich ihm.

Also führte Jean – der kleine Jean, wie ihn die Jungen nannten – eine Pantomime auf, um die russische Jugend, die ebenfalls Jean hieß, aufzuklären. Schließlich verstand der größere Junge, dass ich ihnen die Erlaubnis gegeben hatte, zu bleiben, denn er drehte sich zu mir um und sagte nur: „Nett", und dann verbeugte er sich anmutig. Der kleine Jean hatte recht – der große Jean sah gut aus.

„Ich wünschte, ich wäre groß und stark wie er", sagte Little Jean bewundernd …

---

… Die Wochen vergehen schnell, wenn man seine Arbeit zu erledigen hat, und die beiden Jeans lernten die Kolonie kennen. Big Jean verbrachte seine freien Stunden damit, Englisch zu lernen und sich mit den anderen Jungen zu unterhalten. Little Jean freundete sich mit den Hühnern, den Schweinen, der Kuh und dem Pferd an, während Boozer – der Hund der Kolonie – und er unzertrennliche Freunde waren.

„Boozer", erzählte mir Little Jean, „kennt das Herz ausgestoßener Jungen und Männer. Er empfängt die Neuankömmlinge am Tor und begleitet sie zum Haus. Er kann dem gesetzlosen Vorrücken des reichen Mannes in seinem Auto entgegentreten und den Haushalt vor einer möglichen drohenden Gefahr warnen, aber selbst der ungepflegteste ‚Ritter der Landstraße' wird feststellen, dass Boozer schnell Freundschaft mit ihm schließt."

Big Jean kümmerte sich – mit seiner angenehmen Verbeugung – um die Gäste, die das Tea Room besuchten, denn er lernte schnell Englisch. Der Bericht über seinen zuvorkommenden Service gelangte zu den Ohren eines hellwachen Japaners, der seine Hilfe in seinem Hotel brauchte. Also ließ er eines Tages den russischen Jungen kommen.

Zu Beginn betrug der Lohn zwanzig Dollar im Monat, inklusive Unterkunft, Verpflegung und zusätzlichen Trinkgeldern.

„Sie brauchen mich in Ihrem Teezimmer, Mr. Floyd", sagte er, „ich bin bereit zu bleiben."

„Nein, Jean, du musst die Position annehmen und mir und dir selbst beweisen, dass du es schaffen kannst .“

In dieser Nacht schrieb er seiner betagten Mutter in Russland, dass es in Amerika wunderbare Möglichkeiten für junge Männer gäbe.

Als er gegangen war, suchte ich nach Little Jean. Ich fand ihn draußen auf dem Rasen mit seinem Kumpel Boozer. Er sah mich nicht, als ich näher kam, aber als ich ihn ansah, kam mir der Gedanke, dass er plötzlich alt geworden war, und da war dieser besorgte Ausdruck auf seinem Gesicht – derselbe, den ich gesehen hatte, als er das erste Mal mit mir gesprochen hatte.

„Boozer“, hörte ich ihn sagen, „es ist schon okay. Ich bin ein Feigling, ich bin geschlagen und ich weiß es, aber ich bin froh, dass Big Jean den Job bekommen hat – ehrlich, Boozer, das bin ich – weißt du, es ist nicht alles meine Schuld – er sieht so verdammt gut aus.“


Boozer legte sein Gesicht dicht an das von Little Jean und streckte dem entmutigten Jungen seine Pfote entgegen. Wenn man sein Leben bei den Self Masters verbringt, spürt man die inneren Gedanken gebrochener Männer. Boozer – der kein anderes Leben kennt – versteht das Herz der Entmutigten. Ich unterbrach die beiden Freunde nicht, sondern ging zurück zum Haus.

---

„Was können Sie tun, um dem armen kleinen Jean zu helfen?“, fragte mich ein Besucher. „Es scheint, als gäbe es auf der Welt keine Stelle für ihn. Was können Sie für ihn tun?“

„Ich sehe da keine große Chance“, antwortete ich und misstraute für den Moment dieser göttlichen Führung, die niemals versagt.

Nur zwei Tage nachdem Big Jean uns verlassen hatte, kam eine freundliche alte Dame in die Kolonie. Sie wollte einen Jungen, der sich gut um ihre Pferde kümmerte und sie und ihren Mann von ihrem Haus zum Bahnhof und wieder zurück fuhr. „Ich möchte einen Jungen, der Tiere liebt“, sagte sie.

Also hat Little Jean seinen Platz auf der Welt – wie Sie und ich, wenn wir ihn nur finden könnten …

---

… Am Weihnachtstag brachte Big Jean vier große Kuchen mit, die er speziell für das Abendessen der Self Masters gebacken hatte.

Und Little Jean brachte sein Weihnachtsgeschenk mit – hübsch verpackt in einer Schachtel, die mit rosa Schleifen geschmückt war – ein Pfund Fleisch für Boozer.